岡　山　文　庫

310

岡山《おかやま》路《ろ》上《じょう》博物館《はくぶつかん》

OKAYAMA'S LOCAL NATURAL HISTORY MUSEUM

河原《かわはら》　馨《かおる》

日本文教出版株式会社

岡山文庫・刊行のことば

岡山県は古く大和や北九州とともに、吉備の国として二千年の歴史をもち、遠くはるかな歴史の曙から、私たちの祖先の奮励とそして私たちの努力とによって、現在の強力な産業県へと飛躍的な発展を遂げております。

小社は創立十五周年にあたる昭和三十八年、このような歴史と発展をもつ古くして新しい岡山県のすべてを、〝岡山文庫〟（会員頒布）として逐次刊行する企画を樹て、翌三十九年から刊行を開始いたしました。

以来、県内各方面の学究、実践活動家の協力を得て、岡山県の自然と文化のあらゆる分野の、様々な主題と取り組んで刊行を進めております。

郷土生活の裡に営々と築かれた文化は、近年、急速な近代化の波をうけて変貌を余儀なくされていますが、このような時代であればこそ、私たちは郷土認識の確かな視座が必要なのだと思います。

岡山文庫は、各巻ではテーマ別、全巻を通すと、壮大な岡山県のすべてにわたる百科事典の構想をもち、その約50％を写真と図版にあてるよう留意し、岡山県の全体像を立体的にとらえる、ユニークな郷土事典をめざしています。

岡山県人のみならず、地方文化に興味をお寄せの方々の良き伴侶とならんことを請い願う次第です。

岡山路上博物館

岡山路上博物館　目次

表紙カバー写真／本扉イラスト（志んはし）／中扉写真（元銭湯「新橋」）／河原馨

第二博物学序説

【家元への謝意】

東京路上博物誌の実践を岡山で試みた。藤森照信先生、荒俣宏先生、春井裕先生が言われる〈路上博物学が各地区で実践〉、そして〈路上博物学の目標〉になっているかどうか、おどおどしていますが先生たちが岡山を観光されるときがあるならば少しは話題になるように記述したつもりです。また、岡山路上博物館に入館される方は物件の探し方、歩き方、楽しみ方の解説〈東京路上博物誌〉や〈路上観察学入門〉をチラッと見ておくと楽しさが倍増しますよ。

※左図のハガキは〝模してよろしい〟との許可書。

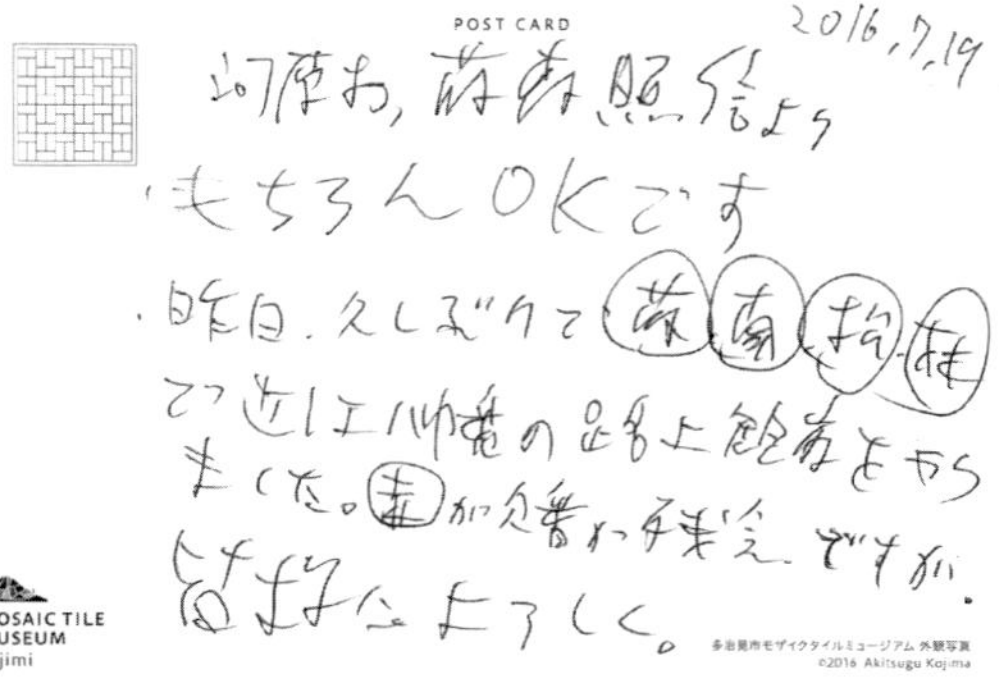

藤森先生からの“ＯＫ”の書

路上観察学会との出会い

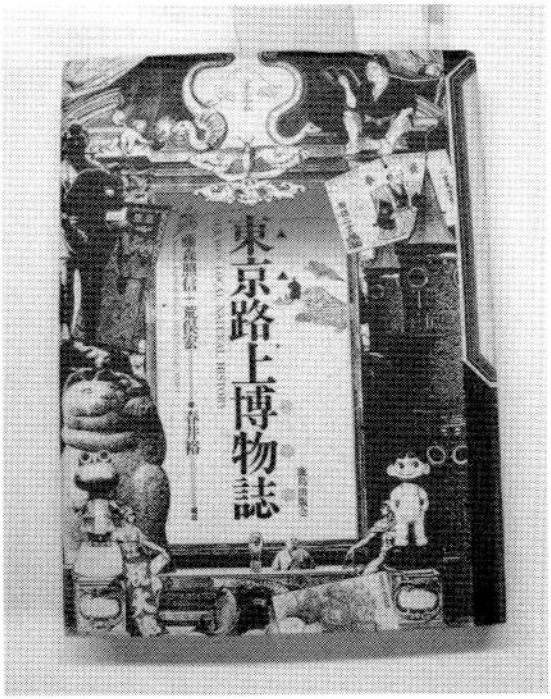

東京路上博物誌
（鹿島出版会）

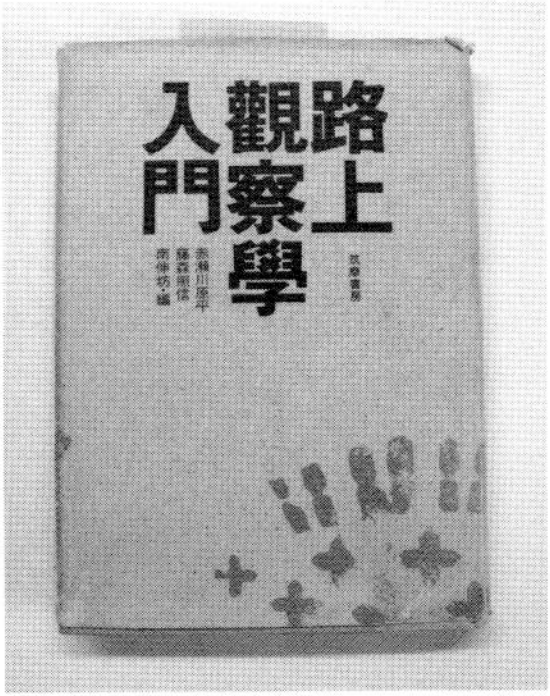

路上観察學入門
（筑摩書房）

【散歩の醍醐味は路上の博物館・鑑賞だ！】

1、博物誌と出会って

路上観察の教範〈路上観察学入門〉を手に散歩。へ・ん・な・も・の を見つけて楽しんでいた、それも飽きもせず三十年も。だが、ここに来て手つかずにあったもう一つの教範〈東京路上博物誌〉を見てより深く散歩を楽しむようになった。三十年間では物件のキャプション付け、状況説明で終わっていたがこれに博物誌的仕分けやその道を楽しくさせているエキスや散歩道を持つ街の変化を楽しんでいるようだ。

家の周りに設置されている〈ペットボトル〉にもそれぞれに目的があって猫に

訴えてるものと犬を連れている人間に訴えているものなどある。ここだけは小便をさせないでと設置の仕方に工夫がある。〈立小便禁止〉の看板やミニ鳥居の設置の仕方も仕分けしていくと楽しい。

　博物誌を読んでもらえば良いのだが「東京路上博物誌」の著者三人を簡単に説明すると藤森照信先生は建築史家、荒俣宏先生は作家、博物学、神秘学、幻想文学研究者、翻訳家。春井裕先生はビジュアル・デザイナーである。

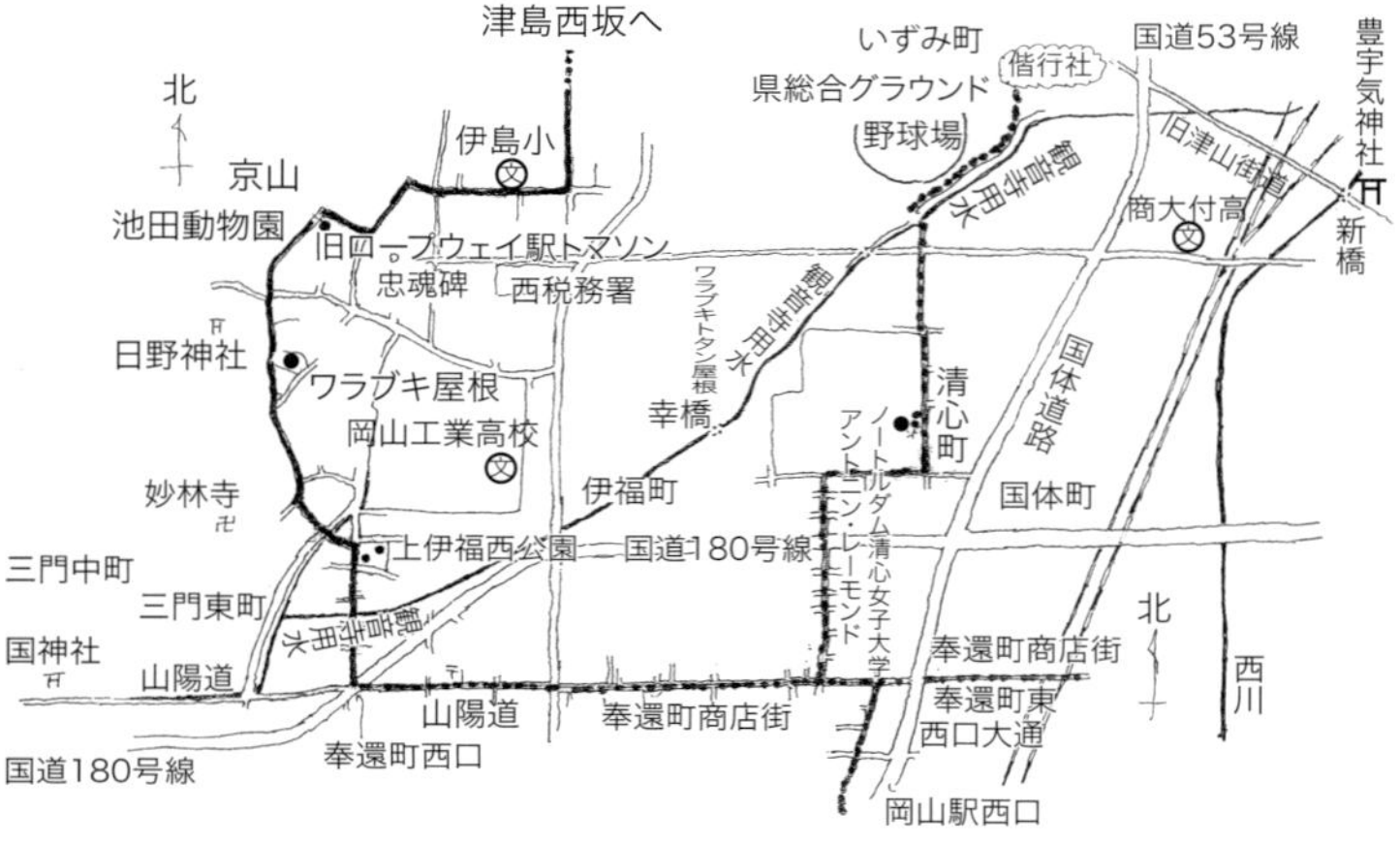

津倉、京山のロジー　　アントニン・レーモンドのロジー

2、街歩きの達人・河原

私はどうメディアに思われているのか・・・「河原さん一緒に歩いてもらえませんかね・・・どこかトマソンでお願いします」と電話が入る。「ハイハイ何日ごろですか」「来週の月火水あたりでお願いしたいのですが」という具合で決まる。どこのメディアも同じやり取り。私と歩くことで番組に付加価値を狙ってのことと解釈している。彼らは河原が何を楽しんで徘徊してるか良く知ってのことである。

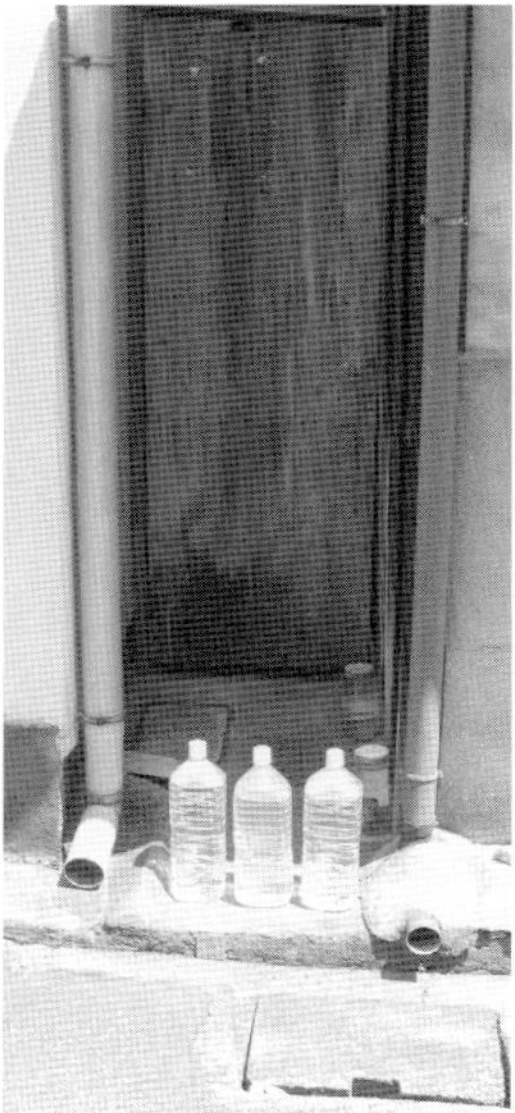

3、〈物件〉を嫌うメディア

先日、付き合ったテレビ局から電話が入る「あのトマソン番組、スッゴク人気でしたよ」で「顔見せでテレビに出てもらえませんか」。番組は元気な老人たちの紹介でした（笑）。こんな具合にどこのテレビもヘンテコなものを〈トマソン〉と言い〈物件〉を使いたがらない。

くどいほど河原はヘンテコなものを〈物件〉と言っているのに・・・。怪しげな言葉、なんとなく事件につながるようで、ひょっとして放送禁止用語？家元が〈物件〉は不動産や事件が扱う商品であると説明している。テレビとしてはヒンシュクを恐れてのことか。一般人には物件よりもトマソンの方がよっぽど難解と思うが。

鑑賞一話　ナンスカの地上絵

我が家にちょこちょこ寄る、たぶん、外科の女医さん「河原さんのテレビ見たわよ、あれってどこ」「一寸見てから仕事に行こうと思って」。大丈夫！この先生、先日テレビに岡山駅、西口界隈にヘンナモノ（ディレクターの彼はトマソンと名指し）を案内した。その中で先生が気になったのは《ナンスカ？の地上絵》という物件だった。岡山駅西口に寿郵便局がある。局の前に一寸した広場があり庭園もそれなりに凝っていて、こだわりの舗装材を使っていたが十年も経つと水溜まりが不自然にできる。苦情を受けた管理者は当時の舗装材が無かったのか水が溜まった部分のみを白色の舗装材でつくろった。あら不思議、つくろった白色が鮮やかな鳥の絵になった。そして物件は路上博物館の展示物となった。

鑑賞二話　黄色のアタゴ

散歩のニューウェーブ、今日はかかりつけの医院へ薬をもらいに行く。車で十分ほどだが歩くと三十分。歩く道中の街は迷路性があって天気が良いとここを機転にどんどん歩く、石垣の積み方に野面積みというのがあって石に統一性が無いので目的がいい加減。その不揃いの路地が楽しさ倍増。道は突き当たるが小道はまた、違う小道に案内してくれる。伊福町、南方、広瀬町、石関町などにある。

そして、戦前の町のカケラや雰囲気が残る。伊福町に観音寺用水が斜めに流れ、南方では津山街道が斜めに、石関町には他の街を見下ろすように道が南北に走る。

岡山の市街地が魅力ある町づくりで外

右手前の光る石（黄色）

せないのが西川二・四キロメートルだ。
　かかりつけの医院のある伊福町より奉還町商店街に来た。東西八〇〇メートルほどの商店街の西端にあたる。軽自動車一台がやっと通る商店街、人を待つ店は数軒見られるが歩く人はいない。
　ショーウインドーの中に布をかぶる犬、置物の犬だ。撮りたいが店の人が私を気にしている。その店の対面の店は人の気配も無く丁度置物の犬がいたので撮る仕草で警戒を解く。その店の女主人が声をかけてくる。「うちの犬は陽に焼けるので布をかけてるんです」と言いながら布を取ってくれ取材が出来た。（写真14頁）
　先ほどから私を注視しているモノが居ることに気付く。そのモノに近づくと

BENEFIQUE
悩みの多
まゆのお手入れはおまかせ
つやつやぷるんゼリーつき180エンで(税込み)実習中
ちょっとしたコツで大変身
すっきり

〈黄色のアタゴ〉だった。その店、店先に野菜が一寸置いてあるが主体は何か分からない（化石種）五〇cm角の石は店の隅にあって鮮やかな黄色に塗られていた《アタゴ》とは学会用語で、家に車を当てないで下さいという施設標識のこと。

家元の藤森先生が二宮金次郎の像の上からのぞいてページに書いてあることを確かめて原本を探し記録している。カワハラは像の台座に登りページはのぞいたが何が書いてるまではやっていない。

陽も入らない店の犬になぜ布をかぶせる必要があったのか、（ショーウインドーなのに）。なぜ布なのかあとひと押しが足りないカワハラだ。アマ、プロの違いである。

観音寺用水の幸橋

鑑賞三話　ホントは《ネギ屋》

幸橋（いわいはし）の気になる食堂にまた来ていた。来ていたが、まだ入れない。家元の長老故赤瀬川と師匠藤森の電話のやり取りが頭をよぎる。

「アレ見るだけじゃダメヨ。ちゃんとやってもらわんと」。師匠が《へんなお店》に躊躇して弱気になっている時、長老が電話口で念を押すように言った「ちゃんとやってもらわんと」の一言が師匠をガラス戸の中に押し込んだ。のくだり河原はまた来たのだが、今日も客にはなれなかった。なぜって食べるモノだからなあ。早いうちに来なくてはいけない物件（化石種）なのだ。

後日、ついに師匠藤森物件のお客にな

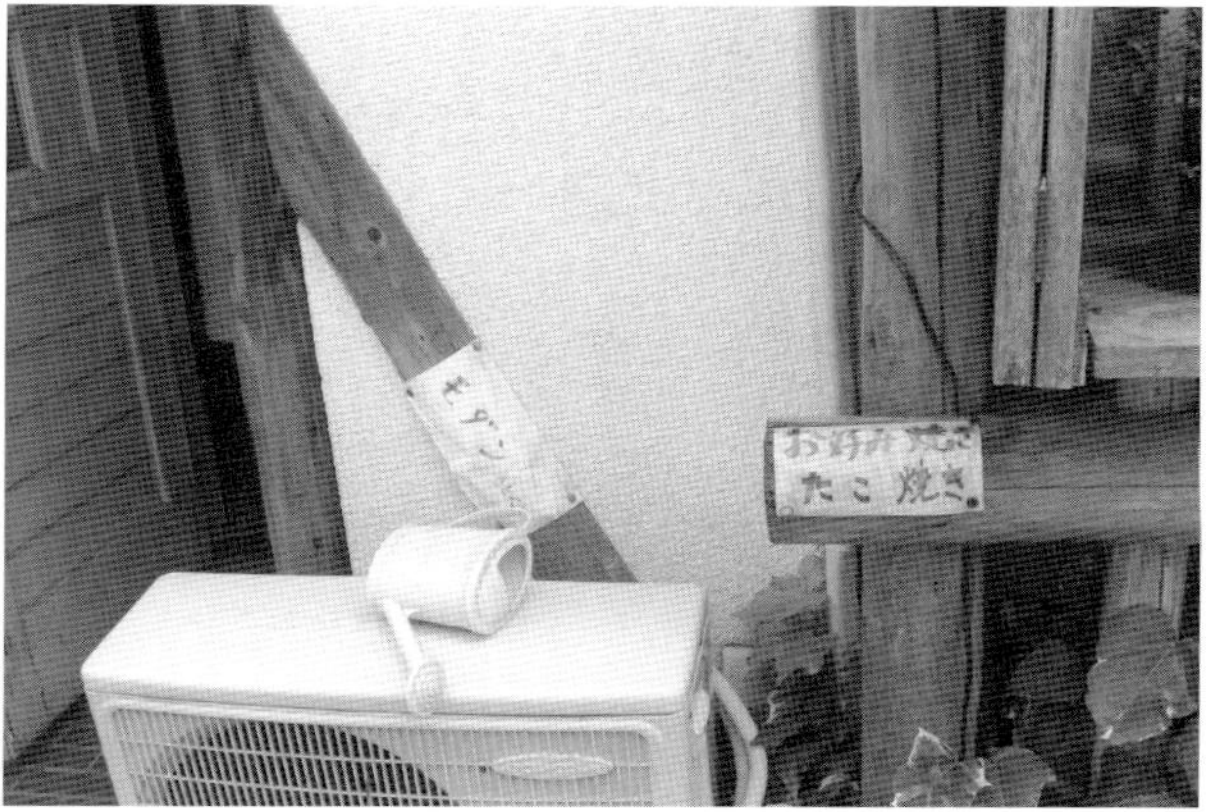

ネギ屋

った。岡山ではめずらしいもんじゃ焼きの鉄板でお好み焼きを食べながら聞き取りをした。建物の看板は立派なものだが看板の店の主は撤退し数年前から看板はそのままで現在の主になっているそうだ。

店の名前は《ネギ屋》となったが旧看板のままで営業するそうである。（化石種）

鑑賞四話　タヌキのお宝

散歩でいつも気になってくる家ができてきて、住まう人と無性に会いたくなるのだ。その一つがラッキーにも本日実現、庭を忙しくあちこちと片付ける住人を発見、しかし、どう語りかけようか、戸惑う間なく観察者は目ざとく門柱下部のセ

路上動物園

コ庭に四羽のアヒルを発見・・・

「すみません・・アヒルたち・・写真に撮っても良いですか・・」と・・住人は「良かったわね・・写真に撮ってくださって」「誰にも構ってもらえんのに」「どうぞどうぞ撮ってやって」と・・・私はもう擬・動物採集学者となる。

「庭の方にも動物居ますよ」と庭に招いてくれた。「これ、ガマガエル、こっちのタヌキ、こっちのタヌキはお宝」そのお宝は庭木のかげに配置してあった。

「御主人の趣味ですか」とは聞けなかった。当然に記述から外した。

鑑賞五話　ワラ葺きトタン張り屋根

今日はいつものコースから外れてみた。野面積み状の町並みは見通しがきかないのがうれしい。観音寺用水の〈いわい橋〉を渡り左に折れ最初の道を右に進んだ。〈稀少種〉発見、ワラ葺きトタン張り平屋建てが敷地の半分くらいにユッタリとある。建ちが低いので農家だ、きれいに管理された家はビッシリと建て込む住宅よりずっと前から存在していたことが雰囲気から出るオーラで分かる。

藤森先生の言う〈物件〉のスゴサは即物性でしょう。

後の聞き取り調査で、この家は一五〇年モノ、空家だが近く所有者は撤去し低層のアパートを建てるようだ。私の記述が最後の見納めだ。

幸橋の奥の小さな御屋敷

【路上博物館のご案内】

1、なぜ路上博物学か

路上博物学が記録の対象とするのは街である。街とは私たち現代人が日常を送る居住域で、街に存在するすべての建造物を指す。荒俣先生は「博物学は、日常生活に忙殺される市民には見えない。ないしは見る必要のない森羅万象を、微《び》に入《い》り細《さい》に穿《うが》（ほじく）って眺め尽くそうという（非日常）のスリルを獲得するための、最も基本的な活動という側面を持つ。それはつまり、どうでもよいことを気付き、記述することである。しかし、人間社会ではいかなるものも記述されるという手続きを通じてしか、実在を認められない形態がとられている。と論じられている。

日常生活に忙殺されてもなお記録しようとする私たちは神に背中を押され、闇の中に消えつつある現在の事物を記述していかなければならないだろう。

2、路上博物学の記述方法

記述の対象は東京路上博物誌に則って〈新種〉〈稀少種〉〈絶滅種〉〈化石種〉とする。

〈新種〉とは、これまで見慣れた建造物をあらためて見直し記述する。奇種・珍種・怪種の発見に努める。トマソン物件の再発掘。

〈稀少種〉とは、戦前の建造物。若干の補修は否めない。

〈絶滅種〉とは、江戸期の建造物。戦後のバラックなど。

〈化石種〉とは、絶滅して久しい遺構や遺物を意味する。旧東署の建物の一部や旧中国鉄道岡山市機関庫の建物の一部などある。また、〈生きている化石〉も含まれる。動物ではシーラカンスを生きた化石と言うが人の社会でも化石的な存在だが〈昔取った杵柄〉的面構えが伺えるので油断できない。博物誌では〈何屋さんかわからない建物〉、〈怖くて入れない店や事務所〉、〈店先の商品が化石的〉、〈看板と商品のミスマッチ〉、〈店名と店構えのミスマッチ〉。また、博物誌は〈校庭の二宮金次郎像〉も含むとあるが植田心壮（元トマソニアン）さんが〈二宮金次郎は生きている・日本文教出版〉をもって実践報告されているので本誌では省略した。

3、路上博物館鑑賞の心得

体験をもって心得とする。

今日も天気が良い散歩日和、いつものようにこのエリアをゆっくり歩く。何回歩いても曖昧にある路地を抜けられない。それをまた楽しんでいる自分がいる。

怪しまれないように歩いてはいる。人の気配の無い住居であるが、そっと私を注視している気配がある。なるべく学者であるように努めている。突然に元気な声がする。場所が場所だけに、賑やかな女性たちの声が場違いに感じる。声の方に向かって路地を急ぐ、と居たいた。生協の軽トラを囲んでいる女性たち。それは家を車を行き交う。やっぱり彼女たちはひっそりとある路地の家にいたんだ。ひっそりと。

路上の展示物への出会いと鑑賞も即物的なので、その路上物件の管理者か関係者がいることに配慮したい。

4、路上博物館の目標

家元の言う「路上博物学が各地で実践されるように、そして観察は路上に存在する全てのオブジェを有用性や美観から差別しないようにと」。私たちはこれをものさしに街に出て観察し記録し散歩のニューウェーブを楽しみたい。

ゑびす橋の親柱

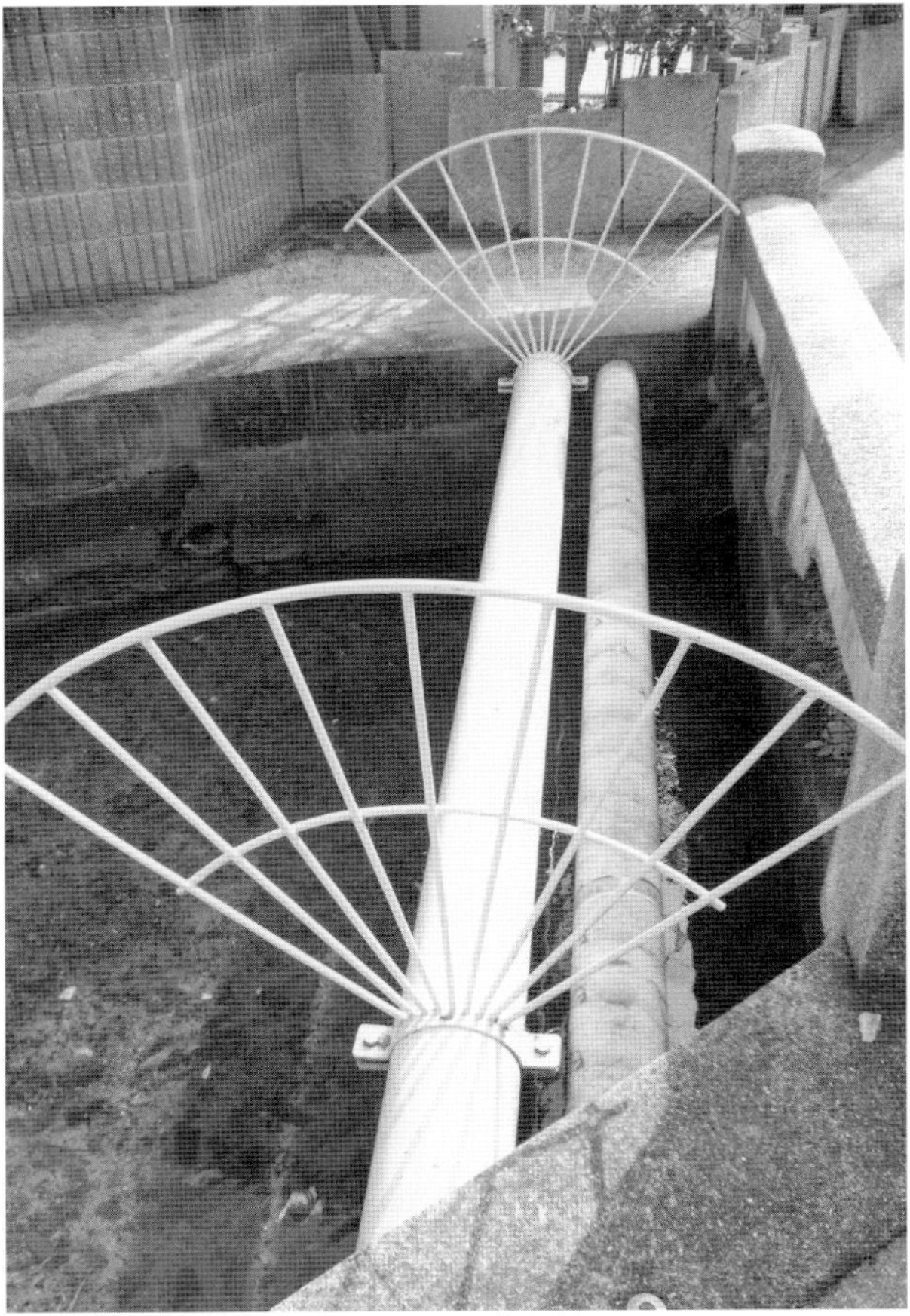

幸橋　水管橋にレトロな意匠の防渡柵《ぼうとさく》。人の侵入をはばむ。

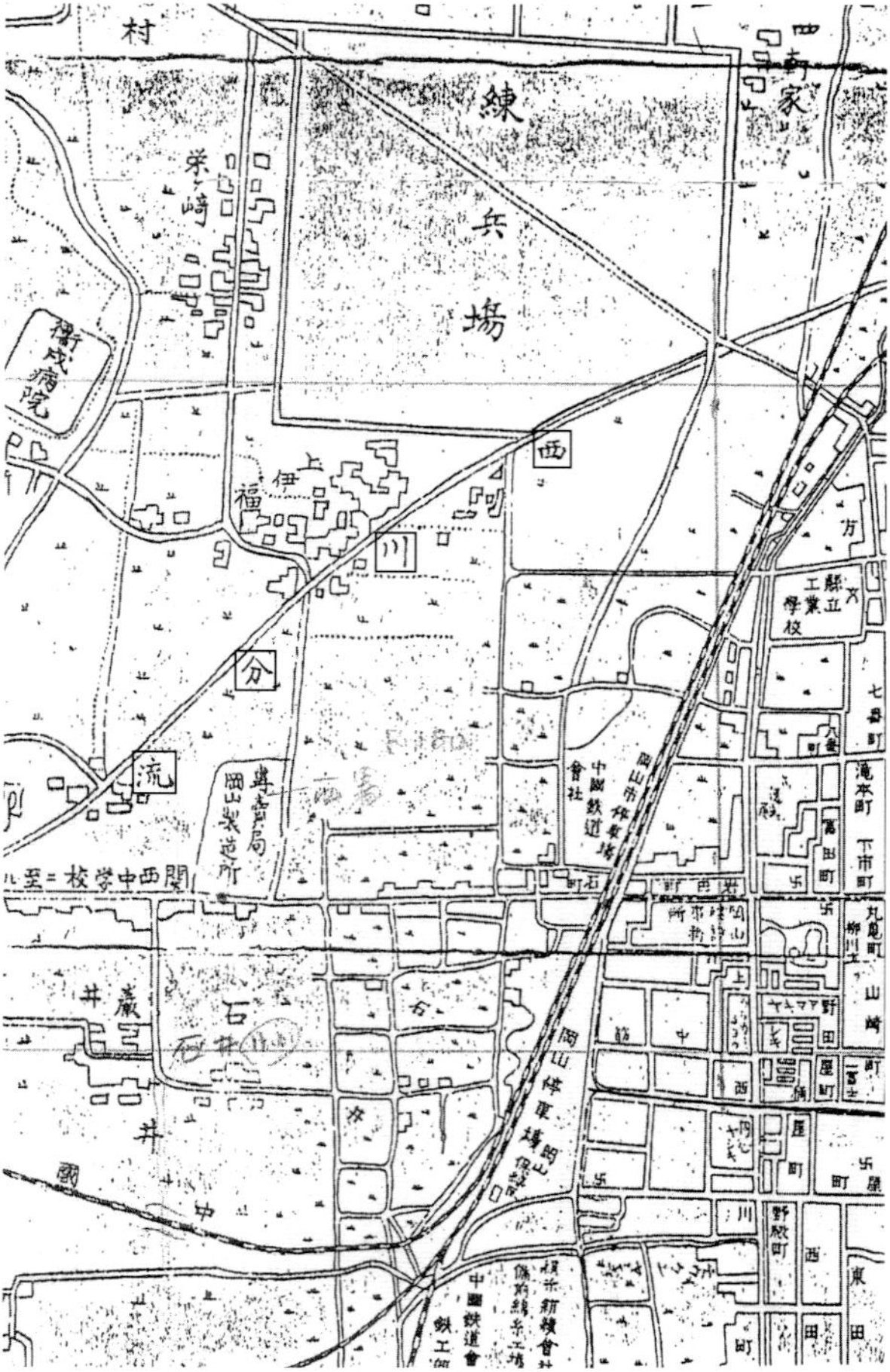

明治39年の地図　西川分流（現観音寺用水）

Ⅰ、岡山ナチュラルヒストリー

新野公民館の床下換気孔（明治40年）

Ⅰ、岡山ナチュラルヒストリー

○ライオン狩り

旧西署のところからオールバックのライオンが二頭、伊福町国道一八〇号を守る。

このライオンは戦後、御津南地区警察署（北区三門）が建設された時、地域の守り神として設置された。その後、岡山西署が伊福町に設置されライオンも移転し地域の守り神として頑張っていた。

荒俣先生の話ではライオンは目を開いて眠るといい、門番代わりに建物の前に置いたと。また、藤森先生はライオンは「王権の象徴」「水の守護」そして「見張り」の三種に分類されると解説される。

調査するも、この種のライオン、岡山市にはいなかったが井原市の足次山神社に立派なオールバックのライオンが存在した。

付記・ライオンの遠吠え

昭和二十八年、岡山で唯一の動物園が京山に開業した。確か私が高校一年生の時だった。岡山駅西口にある私の住居は

池田動物園の看板ライオン

岡山のライオン

井原のライオン

そのライオンの遠吠えを確認できる町にあったが現在都市事情で難しい。
平成二十九年、現在のライオンも夕方には吠えてますよと園の方の話。

○永井荷風

岡山駅西口から見える所に戦災を免れた木造住宅が平成の町並みに違和感無く

ある。これが荷風の疎開先の一つであることを山陽新聞夕刊（平成二十八年六月）で知った。我家のそばで、こういう歴史があることに物件を見るたび感慨を深くしている。残念なことにこれを記述している十一月半ばにして荷風疎開先は撤去された。合掌。

○要石と迫受石

奉還町一丁目万《よろず》町跨線橋西詰めに旧中国鉄道機関車庫が明治三十二年（一八九九）に建てられた。平屋建て、天然スレード葺、レンガ造り（イギリス積み）である。ドーム型の三つの入口にはレールが敷かれ、三台の機関車がそれぞれに入ったアーチの頂部に要石《かなめ》がありアーチの始まりに迫受石《せりうけ》を設けた。

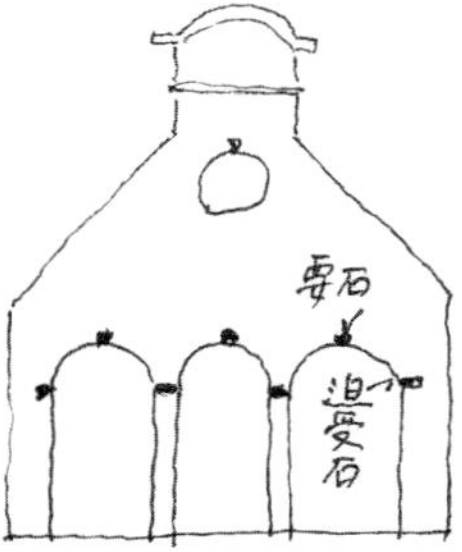

要　石

迫受石

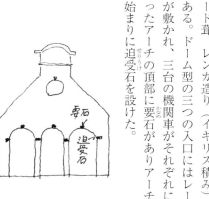

○アントニン・レーモンド

アントニン・レーモンドはチェコ出身の建築家。フランク・ロイド・ライトのもとで学び、帝国ホテル建設の際に来日。その後日本に留まり、ディ・スティル様式のモダニズム建築の作品を多く残す。ノートルダム清心女子大学本館・東館（旧清心高等女学校校舎）も設計した。

○三つのルネッサンス

古代ローマ建築を理想化して模倣したので再生（ルネッサンス）と呼ぶ。

正面のみを重視した絵画的な構成となっている。比例や相称（シンメトリー）を尊び、均衡のとれた明瞭さと単純で壮大な効果を狙ったところが特徴的。

三つのルネッサンスの特長は三角形の壁面をシンメトリーな壁が正面のデザインを支配している。旧日本銀行岡山支店（現ルネスホール）は岡山で代表的なルネッサンス建築である。

1、偕行社

明治四十三年（一九一〇）建てられたルネッサンス建築は、陸軍第十七師団の将校集会所である。現在は岡山県総合グラウンドクラブとして使用されている。

寄棟造り二階建ての建物にはルネッサンス建築の様式がテンコモリにあり、楽しませてくれる。建築当時から数回の移設があるので、当時の趣が解らないのがハイカラマニアの私には悔しい。

2、新野公民館

公民館は岡山大学の近くにあります…と説明は平成でのこと。戦前は陸軍第十七師団の関連施設で騎兵第二十一連隊の騎兵隊将校集会所であった。

小さな建物であるが、正面にモジリオンを携えたペディメントはいじらしい。シンメトリーに上げ下げ窓を設け、ルネッサンス風を十分意識したものであると思う。

3、陸軍第十七師団司令部

岡大津島キャンパス西門手前を注意して進んでいると、小さなハーフチンバーとその奥のルネッサンスが私たちに声を掛けてきます。

　奥の建物に行くと玄関脇に旧事務局庁舎と表示がある。本建物は明治四十年（一九〇七）に陸軍第十七師団司令部関連施設として建てられた。改築移設があって東面のみが当時の雰囲気をわずかに残しているようだ。ペディメントを中心にシンメトリーに壁面を持っている。窓は上げ下げ窓である。

　ついでに話して申し訳ないが、手前の小さなハーフチンバーの建物は陸軍第十七師団司令部衛兵所として明治四十四年（一九一一）に建てられた。登録有形文化財である。衛兵所は現在、岡山大学情報展示室として使用されている。

○ラジオ塔

ラジオ塔は昭和初期にラジオ普及のため公園や駅、寺社、観光地などに設置された。正式名は公衆用聴取施設。当時は、ラジオが高級品であった為に一般家庭では購入することができなかった。その為、NHKが全国に約五〇〇基を設置して国民への普及を図りましたが、現存しているものは三〇基程度。放送の多くは、音楽、ラジオ体操、スポーツ中継、戦況報告などで周囲には多くの人が集まったようです。特に戦時中は、国民への啓発宣伝に有効活用された。

この上伊福西公園（通称：たこ公園）に現存するラジオ塔は昭和十七年頃に造られた物ですが、津倉町町内会創立六十周年を機に改修された大変貴重な文化遺産です。説明はラジオ塔のそばにある説明看板による。

同じ「たこ公園」にある滑り台は戦前のものでコンクリート製である（聞き取り）

たこ公園のタコ

コンクリートの滑り台

ラジオ塔

○西の丸が見えた

私は常日頃から岡山駅より岡山城が見られると後楽園が随分と近くに感ずるのだがと一人気をもんでいる。

お城ではないが岡山城西の西手櫓（一六〇三年頃）が見られるようになることを知った時、感動したものだ。バンザーイと思った。電車通りから、ぐるっと石垣が見られるようになったらどんなに観光に寄与することだろうと考える。

禁酒会館大正十二年（一九二三）があったので西手櫓が残ったのではと思うが、これからこの風景はどうなるのだろうかと心配している。

岡山城西の丸と禁酒会館

Stop by the poo

Ⅱ、岡山ユートピア

パンドラの箱

Ⅱ　岡山ユートピア

それは整然と区画され四方の境界は秩序に守られていた。だがそれらには散歩道のエキスは無い。また、道路の定義にはこれは無い。そこには私のユートピアはない。私のユートピアはイタリアのプ※ロチダ（Procida）風でなくてはならない。勝手知る者しか車の進入は難しい街だ。

それは閉塞感、不安感は路地のスパイス。路地は複雑なほど美味しい。当然、住空間（形状）が曖昧さから起こる。

路地の形状はこうありたい。これにナチュラルヒストリーが加わる。街の形成は長い時間をかけ形成されている。

繰り返しだが、厳しい住空間、敷地いっぱいの家、街並み。日当たりの悪い敷地、街並み。こういった俗悪な環境にあってもそれを克服、楽しい営みへの工夫が個々あり連なりが路地の魅力であるしユートピアであろう。

〈路地と図示〉

路地とは、密集市街地などに形成される狭い道や家と家の間の狭い道、通路などをいう。狭さや薄暗さを強調して〝路地裏〟とも呼ばれる。

図子とは大路と大路を結ぶ小路、図示は通り抜けられるが路地は行き止まりの袋小路をいう、との解説もあるが、図示との区別をしていないようなので、本博物館では〝路地〟にて記録している。

※イタリア・ナポリ沖合の小島

奉還町商店街のロジー

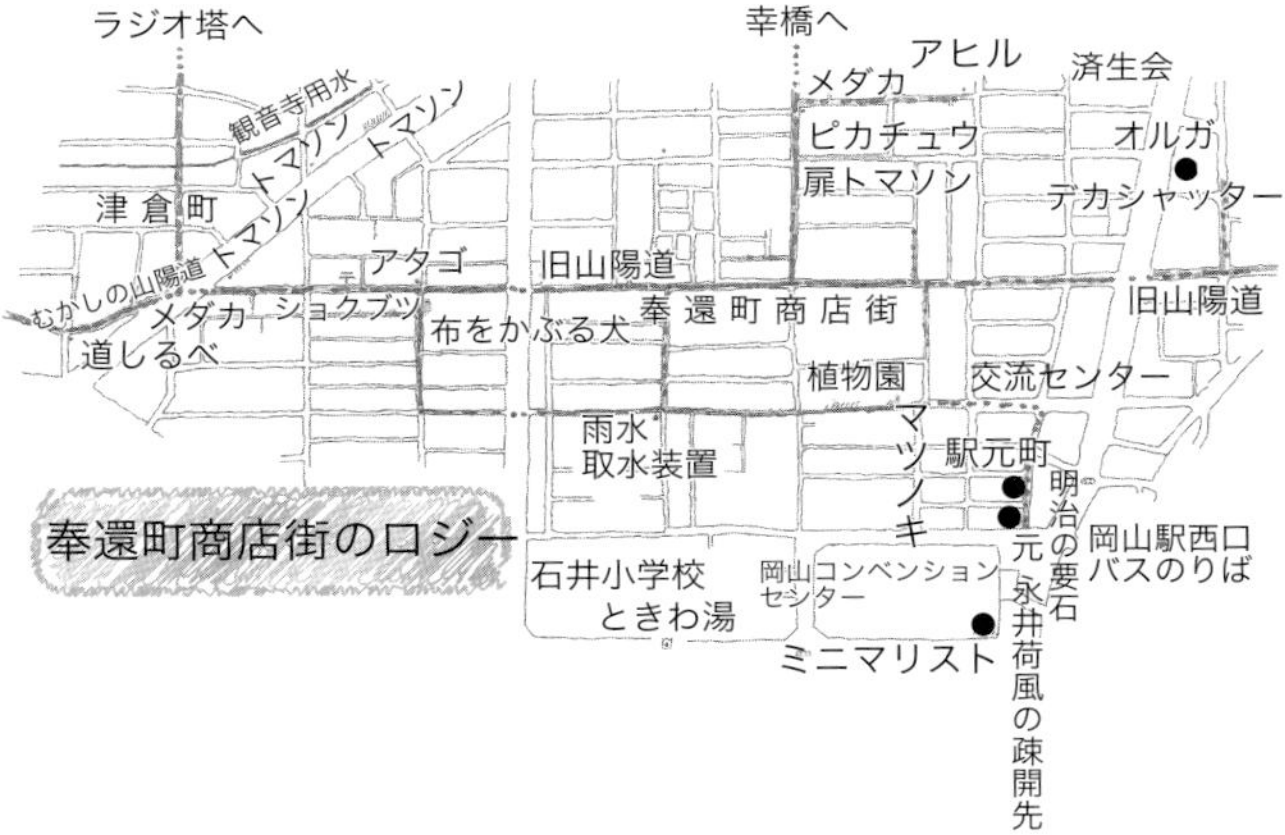

津倉町、伊福町、奉還町のロジー

北
ひょうたん池
偕行社
岡山県野球場
寺
用
水
旧津山街道
津山線
長泉寺
新橋
豊宇気神社
絵図町のロジー
南方のロジー
山陽新幹線
山陽本線
国道53号
吉備路文学館
えびす橋
幸橋へ
西川
広瀬町商店街

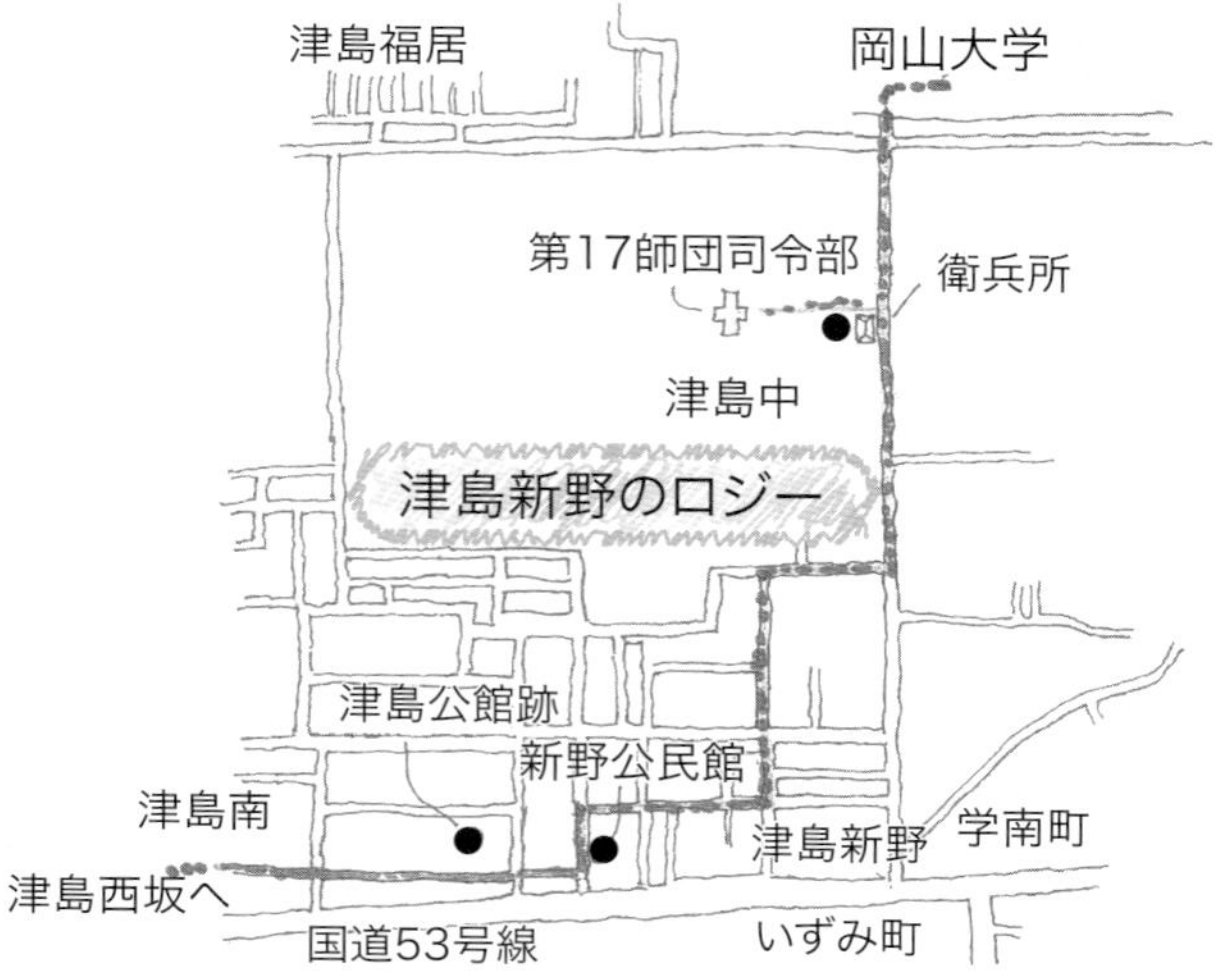
津島福居
岡山大学
第17師団司令部
衛兵所
津島中
津島新野のロジー
津島公館跡
新野公民館
津島南
津島新野
学南町
津島西坂へ
国道53号線
いずみ町

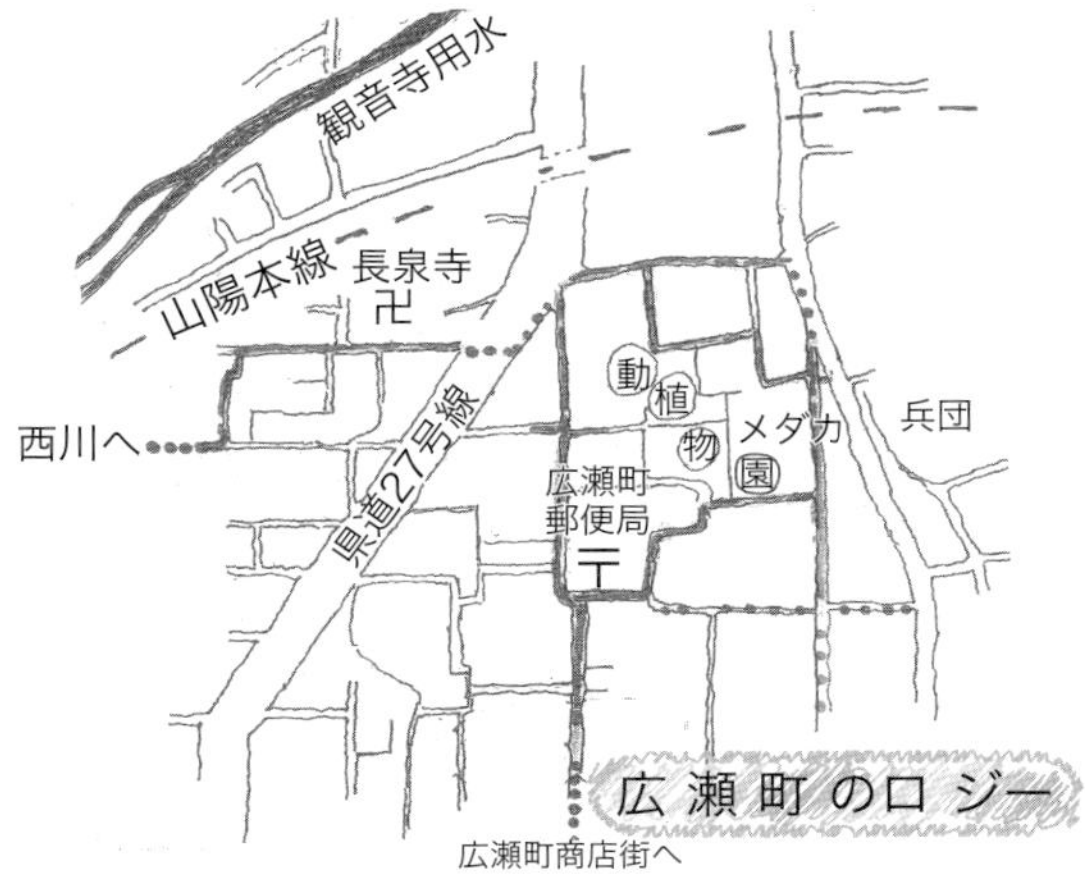
観音寺用水
山陽本線
長泉寺
卍
動
植
物
メダカ
園
兵団
西川へ
県道27号線
広瀬町
郵便局
〒
広瀬町のロジー
広瀬町商店街へ

県道27号線
広瀬町
兵団
広瀬町商店街
昔の津山街道へ
有名べんとう屋
伊勢神社
±0
±2.0m
旭
川
卍
卍
出石町
番町
北消防局
新鶴見橋へ
広瀬町商店街のロジー

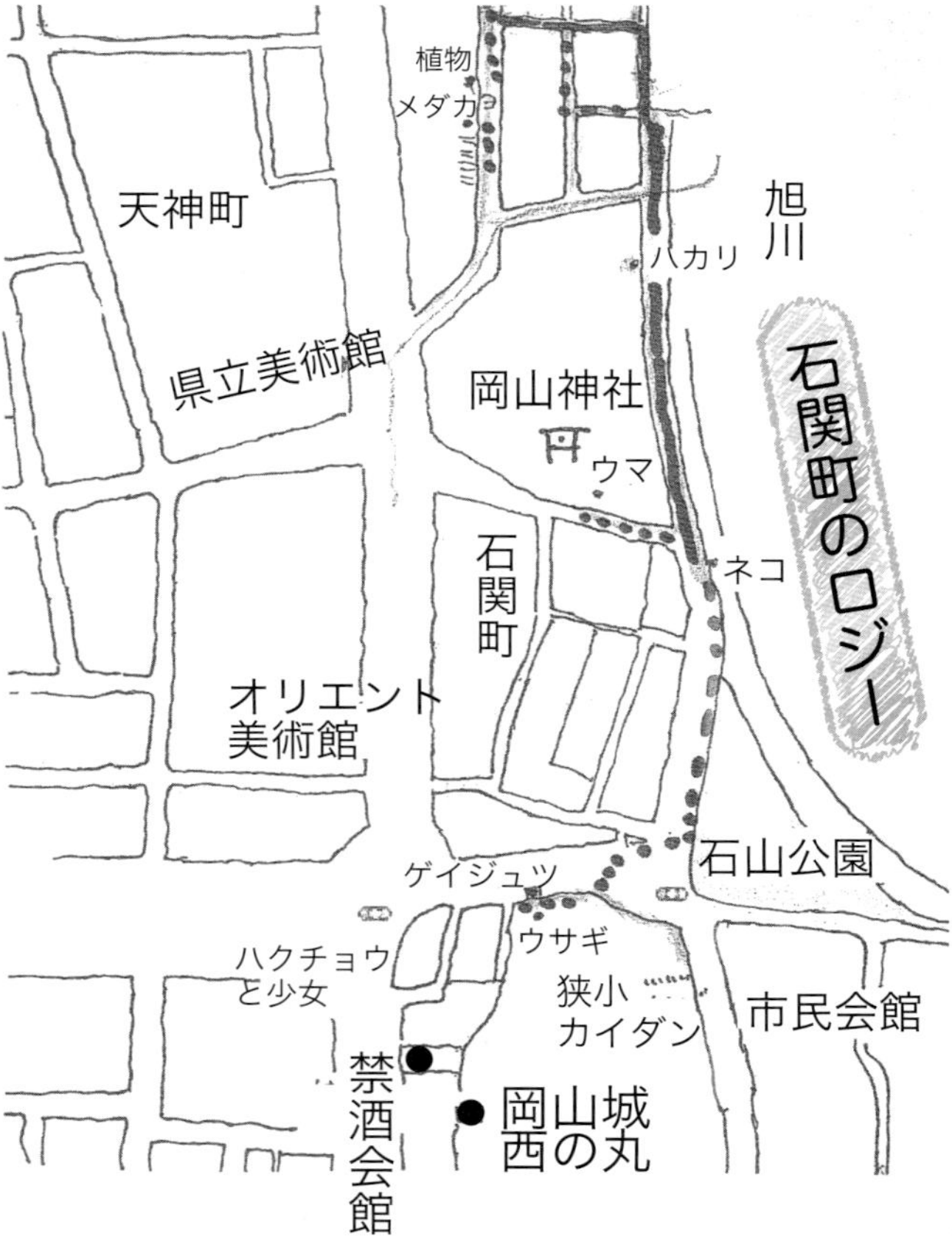
石関町のロジー
植物
メダカ
天神町
旭川
ハカリ
県立美術館
岡山神社
ウマ
石関町
ネコ
オリエント
美術館
石山公園
ゲイジュツ
ウサギ
ハクチョウ
と少女
狭小
カイダン
市民会館
禁酒会館
岡山城
西の丸

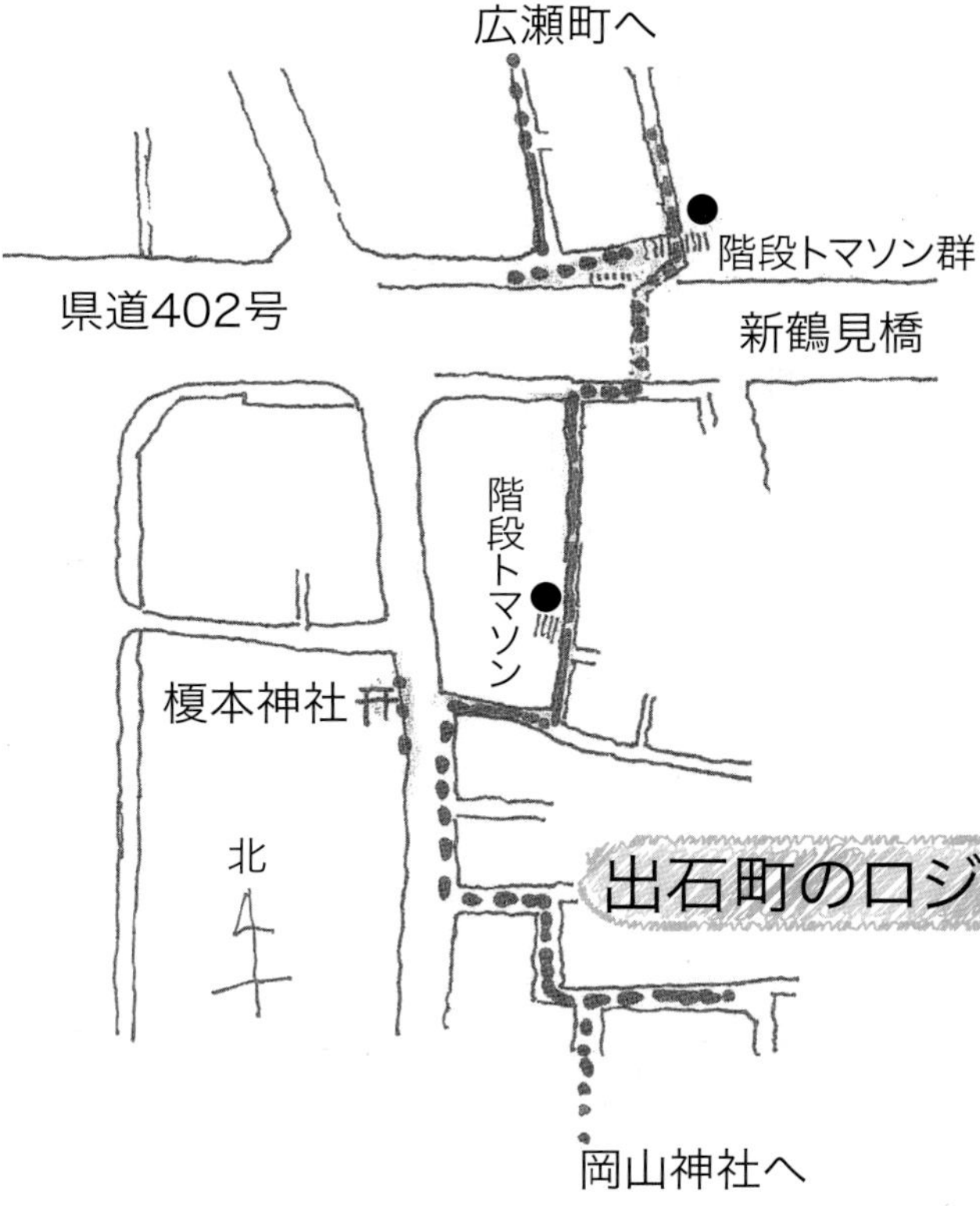
広瀬町へ
階段トマソン群
県道402号
新鶴見橋
階段トマソン
榎本神社
北
出石町のロジー
岡山神社へ

奉還町の路地

京山の路地

石関町の路地
この計量器はこの路地のメジャーなメジャー

塀の向こうは別世界〈石関町〉

アップダウンの町〈石関町〉

イタリアンな広瀬町　スキマの階段

坂の町－広瀬町路地

広瀬町南商店街〈番町〉
メジャーな弁当の店　千年世

伊勢神社のある路地

番町の路地

番町の路地

伊勢神社〈番町〉

坂の下は別世界〈出石町〉

路上動物園

○路上動物園

散歩する犬はよく見かけるが犬小屋に帰る犬はいない。犬小屋〈絶滅種〉そのものが存在しない。散歩犬は同伴者と共に住居に入る。

猫の散歩は過去数回見たことがあるが同伴者と共に動きは頼りない。

若い時、風呂屋を設計したことがあり、施主の好みで鳩の飼育装置もあった。当時、町には群れを作って飛ぶ鳩がいたが平成の今、聞き取り、黙視では確認できなかった。

カエル〈奉還町〉

私はネコ

すねるリス〈番町〉

岡山神社の馬

涙するウサギ〈旧丸の内小学校〉

池田動物園のキリン

岡山大学のフクロウ

岡山大学のアート通り

西口のキリン

犬とウサギ

シーサー・タヌキ・カエル

西口のトラ

西口のウサギ

路上植物園

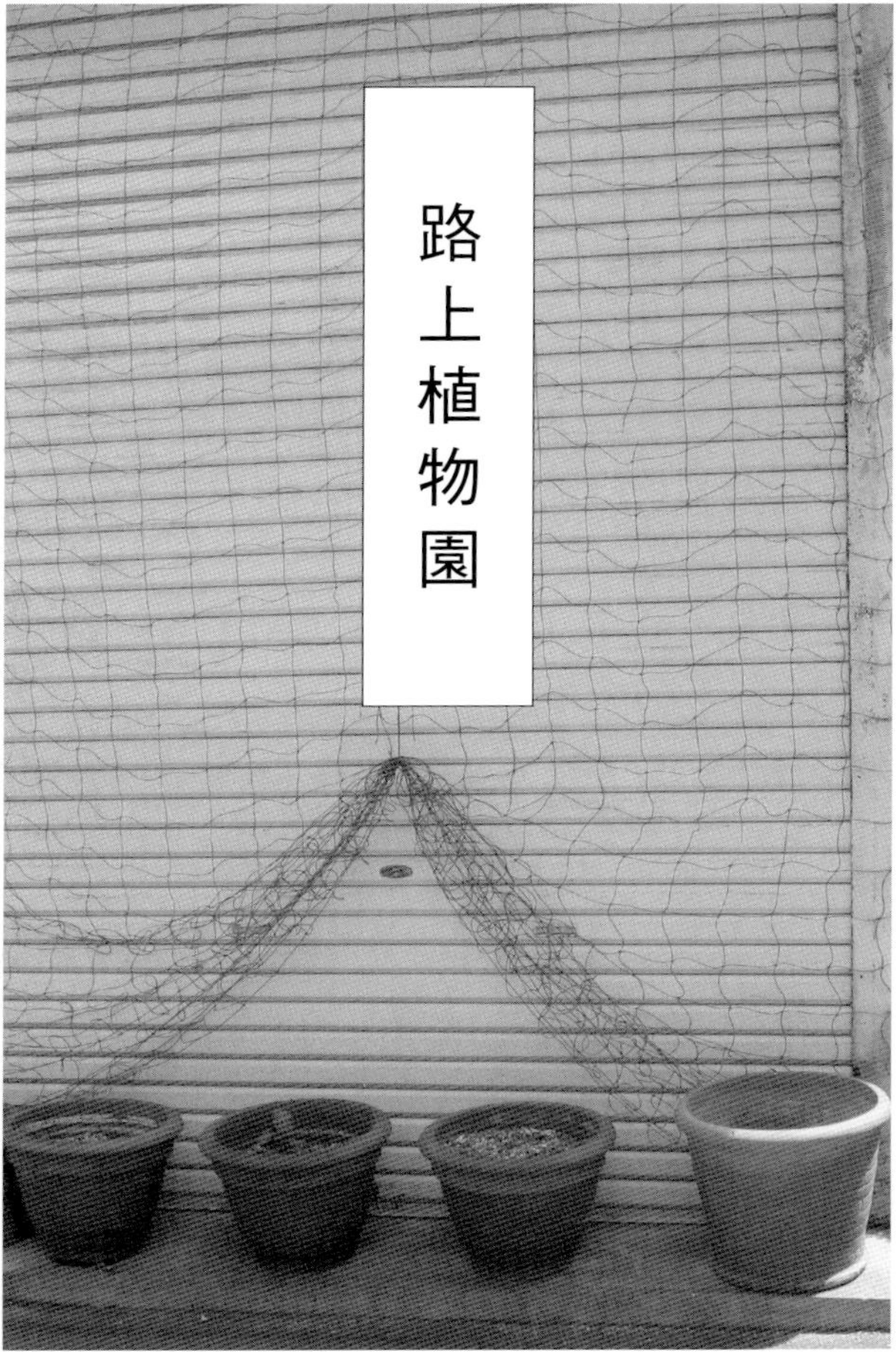

○路上植物園

ミニマリストの鉢植え都市とか路地を彩るソーシャルグリーンと唱える都市計画の著者シルヴィー・ブロッソは都市文化の中に再現された自然であるという。

彼らは空地の形状に合わせて路地の形状に合わせて鉢を選び、グリーン化への工夫する、スペースプランナーである。

路地のコーディネーターはメダカを添え、棚を作り時には室外機の上にも工夫しグリーンの面化へ楽しんだ。

鉢植えの文化は江戸の初期で木箱だった陶器製は江戸後期とある。彼らのそれは多岐に渡り、グリーン化への道具は発泡スチロール製だったり、タイヤ、火鉢、石臼、木箱だった。界隈の路地には時折プランターが見られた。

換気ブロックの緑

ゴミ収集場所

舗装道路の花木

石関の植物園

雨水取水装置〈奉還町〉

雨水取水装置〈井原市〉

鉢の不法投棄禁止

奉還町商店街の植物園

どこにある?メダカ飼育装置

散髪屋さんのメダカ飼育装置

散髪屋さんの植物園

メダカ飼育装置〈番町〉

番町のメダカの館

石関町のメダカ飼育装置(1)

石関町のメダカの館(1)

石関町のメダカ飼育装置(2)

石関町のメダカの館(2)

イチゴを栽培するカフェ〈柳町〉

柳町の植物園

釜めしの鉢〈広瀬町〉
鉢にガードされた美容院

野田屋町の植物園(1)

野田屋町の植物園(2)

路地の植物園各種

西川沿いの散策

鹿田橋〈大学病院通り〉

親子の像

枝川橋

「西川沿いを外れて」

今日は西川を鹿田橋から歩くのだが、気分良い日和だし弁当を用意しておこうと良く使う医大前の弁当屋さんに寄ったついでに、通りのハイカラを取っておこうと医大西門を撮った。西川歩きのメインは意外に多い「元気な女性像」だった。一寸とそれるが岡山市役所の母子像に寄った。

医大通りの商店街（新種）

旧岡山医科大学門衛所・正門

大正十一年（一九二二）岡山医科大学設置と同時に建設された。門衛所は、木造平屋建て、変形六角平面の屋根で、うろこ形の天然スレート葺き。

正門は左右に大小二基ずつ配され、煉瓦積。柱頭部に銅製台座の照明器具を載せる。ともに岡山医科大学新設当時の建造物・工作物として貴重である。

登録有形文化財〈稀少種〉

本説明は門衛所そばの案内にある。翌年の大正十二年九月は関東大震災。

医大門衛所（大正11年建設）

医大創設期の門柱（大正11年）

西川の散策起点は大学病院通り鹿田橋より

鹿田橋

西川アイプラザ

新下西川橋

野殿橋

新、旧田町橋の親柱

田町橋は、明治四十三年（一九一〇）に木橋として架けられ、昭和五年（一九三〇）に現在のコンクリート橋となった。

歩道橋の親柱は明治のものを模して作られ、平成八年五月に建造された。

田町橋と下西川橋（昭和三十二年建設）の間には小さな像が九体ほどあった。

平成の田町橋親柱

昭和の田町橋親柱

両備バス

西川平和橋のあたりに来ると、ただならぬ気配を感じた。散策コースより少し外れるが素晴らしい像を採集した。

両備バス

西川アイプラザ　行き場の無い階段

巨大オブジェ

西川アイプラザ

行き場の無い階段（新種）

西川アイプラザ側から西川東側に陸橋を架設するために建設が進み、アイプラザ側の階段ができたが、西川のロケーションが悪くなることに気付き、陸橋を中止した。しばらく階段状のコンクリートの塊がそのままにあった。山陽新聞に「行き場の無い階段」として記事となったことは有名。

岡山市は素晴らしいアイデアに気が付いた。緑と彫刻とスロープで巨大なオブジェを製作、市民の大喝采を受けた。

行き場の無い階段

西川アイプラザ　階段オブジェの母子像

桶屋橋の女性像

城下電停地下のポケットパーク

白鳥に乗る少女

大正期の小便小僧

岡ビル市場（野田屋公園南）のそばに喜多村病院があり、東側道路に面した玄関ポーチに小僧がいる。眼は二メートル下の洗面器を注視している。尿が催すと当たり前に出すらしい。だが、いつでも放尿が見られるわけではない。特別に事務員の許可を受け婦長のお世話により小僧の健康な放尿を確認（二〇一六年三月）出来た。

西川の巨木

西川、野田屋町通りはメタセコイア並木だった。この巨木のある所は写真のように川幅は極端に狭くなっている。

巨木は流れに関係なくどんどん太くなっている。神化した巨木を撤去すると川の改修工事は数千万円はかかる。川の管理者の頭の痛いところだ〈新種〉

植物は強し（新種）

ヴィーナス像　　　西川の天城橋

西川の新橋（正面鳥居はモダンな金属製）

旧津山街道の西川に架かる新橋（南方）と樋門、
正面は豊宇気《とようけ》神社

左の洋館は旧・新橋風

旧新橋風呂〈稀少種〉

いずみ町の県総合グラウンド東南詰めから南方郵便局方向に斜めに走る道が津山街道だった。明治三十九年頃の地図では総合グラウンドは明治から軍の練兵場だった。道はその練兵場を斜めに津山に向かっていた。風呂屋は南方の津山往来と西川とが交差するところにあった。

ハイカラな銭湯「新橋」は大正末期から昭和五十八年まで営業された。

現存のビンテージな下駄箱

西川（南方）

正面 屋根は吉備路文学館　銭湯新橋(右側)

豊宇気神社（新

旧津山街道（南方）と観音寺用水（左）

南方の観音寺用水

伊福町の観音寺用水

岡山駅前にホタル現る

駅そばのイオンモール岡山の北側に西川の枝川、能登川用水が流れる。勢いよく綺麗な水とそれをガードするように両岸に緑がある。ゲンジボタルとヘイケボタルが自生しているようだ。岡山の自然を守る会とイオンモール岡山の看板照明の配慮と市の用水管理者が協力してホタルの良い環境を作っているようだ。

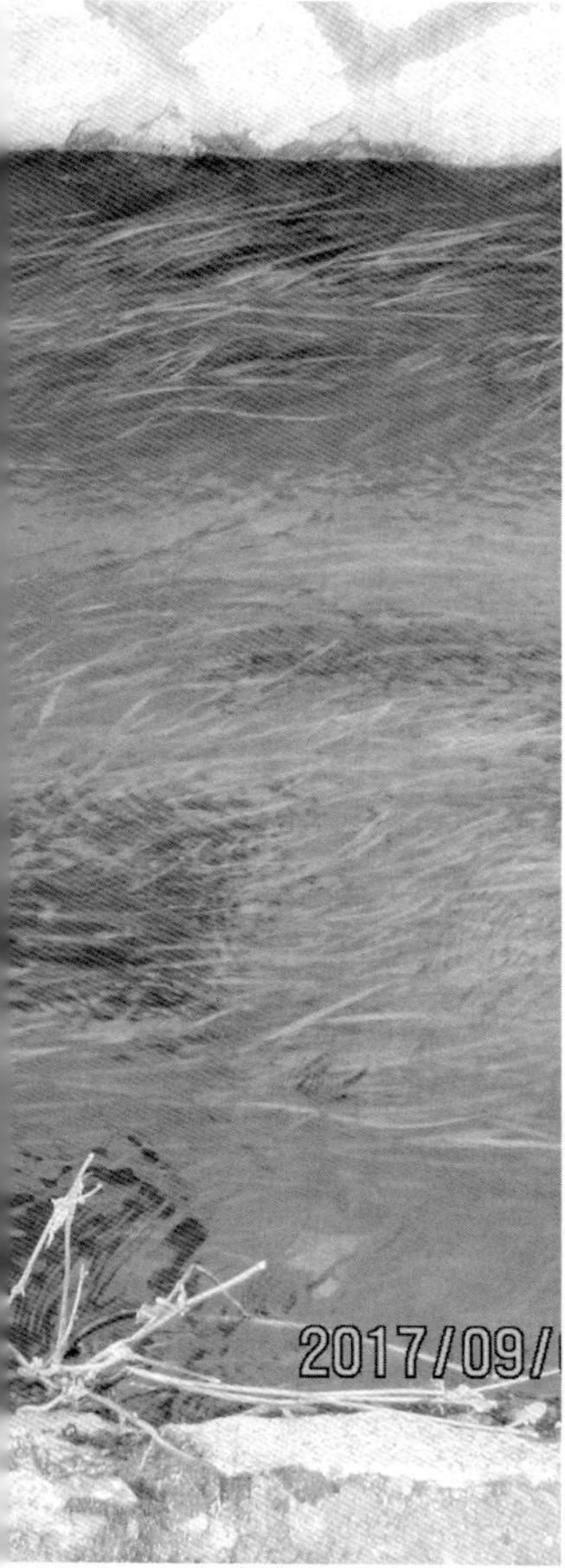

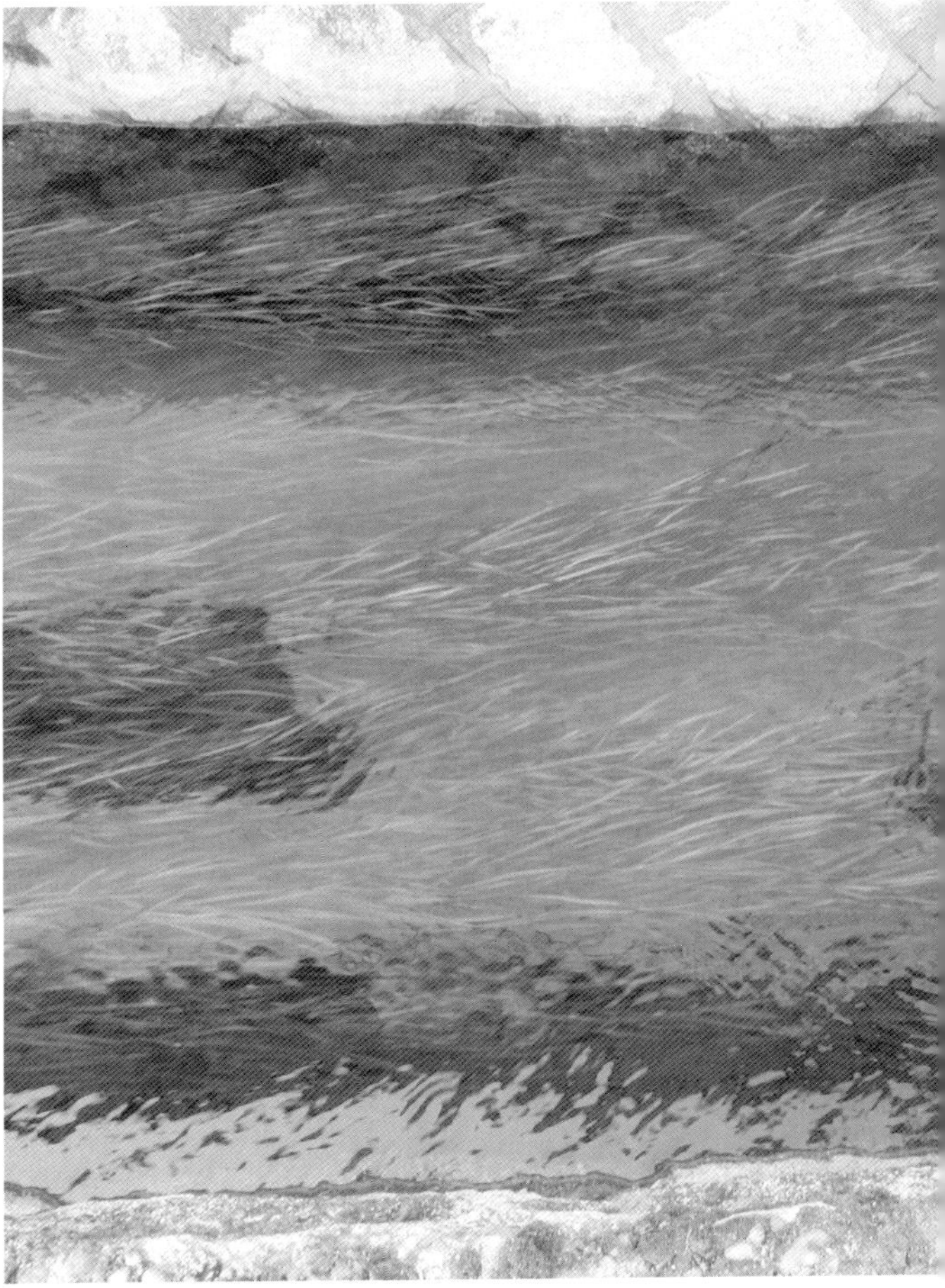

犬の糞尿
させないで

新種（トマソン物件）

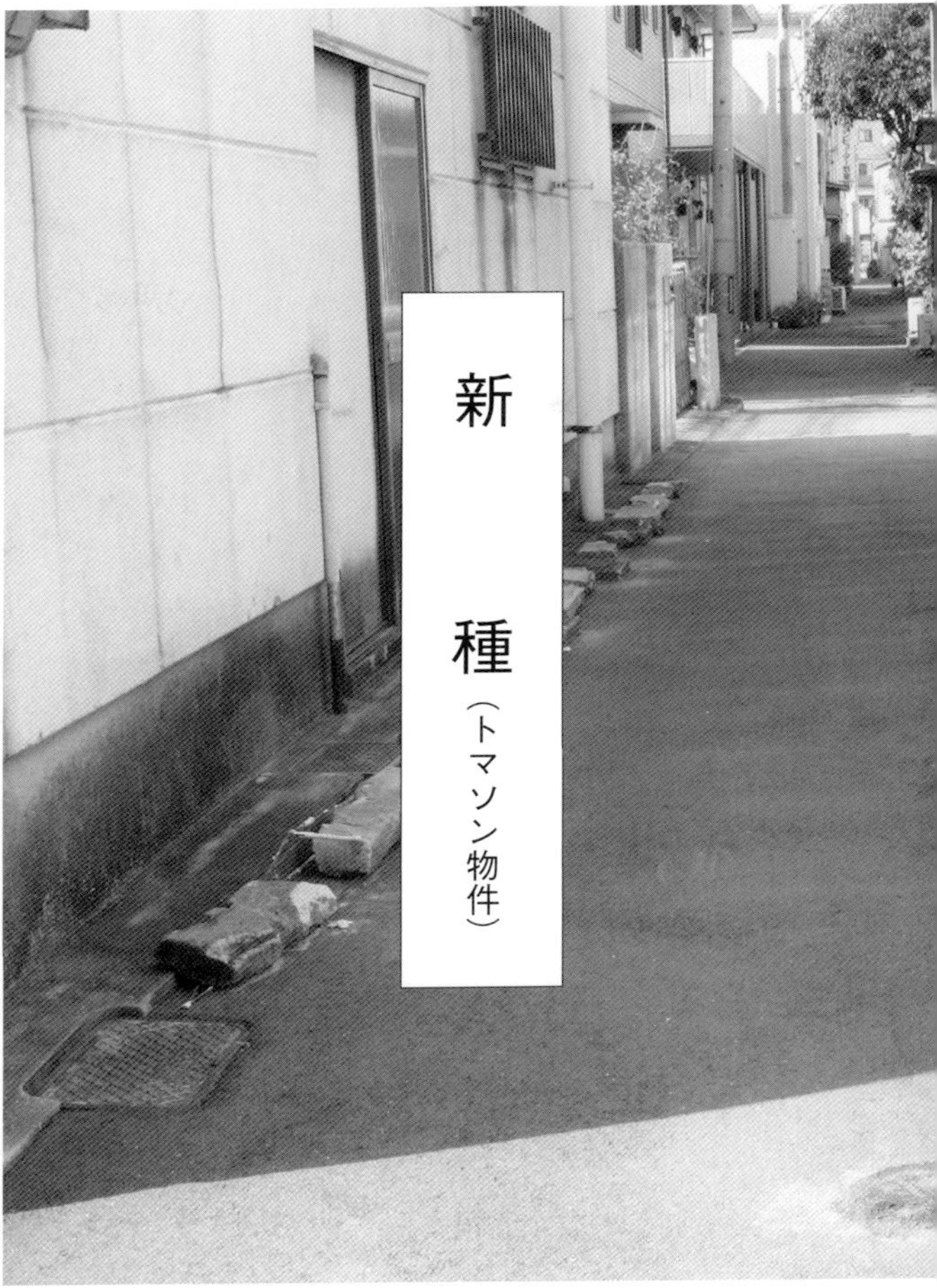

トマソンの予備軍〝二つ〟（新種）

旭川、新鶴見橋西詰めを見ている。いや、立ち止まさせられたのだ、特別な気配にだ（私はよく〝気配〟とか〝センサー〟と言う。特別な物件に出会うときにだ）一つは正面手すり横で草に覆われかけている石積みの階段〈稀少種〉。もう一つは正面右にある黒っぽいコンクリートの階段。近づくと安全第一を印刷したバリケードが置いてある。バリケードの安全第一を考慮し、安全に上った。と、上部の十段ほどが大きく外れかけていた。看板は安全第一より〝上るな〟とすべきだった。〈新種〉

県立博物館 →
Prefectural Museum
50

埋没する石積みの階段〈稀少種〉

外れかけのコンクリートの階段（新種）

「外れ」のディテール

旭川への石積み階段〈稀少種〉

旭川への純粋階段〈新種〉

路地の純粋階段・正面〈新種〉

路地の純粋階段・側面（出石町）

玄関アート

階段に緑を生ける

純粋になりかけの陸橋の階段

純粋ドア

フルーツプラザ〈化石種〉

お見舞
お供
盛籠
季節の
名産 特産
フルーツ
Coca-Cola
Coke

植物は強し〈容姿のいい花木〉

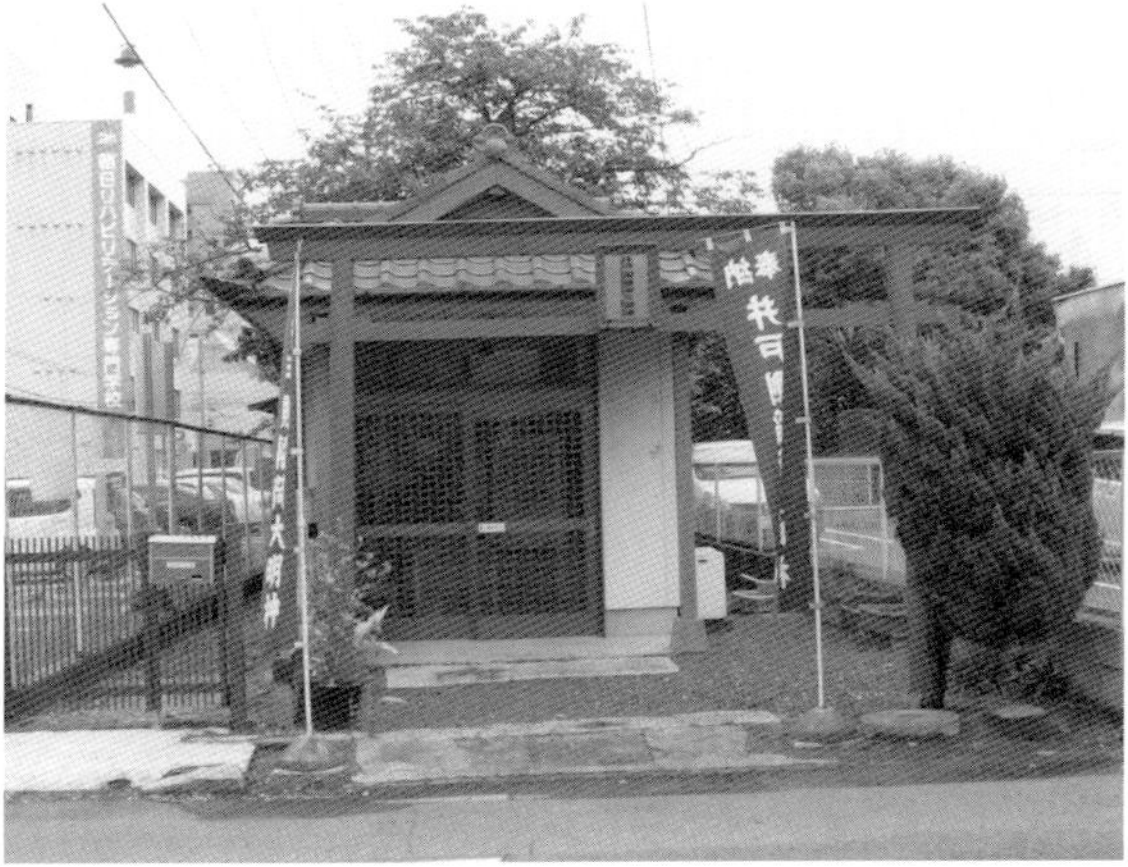

間延びの鳥居

高校の鳥居

てぶらでお入り下さい
MENU
入浴料+貸タオル+石鹸
¥470
入浴料+貸タオル+石鹸
シャンプー&リンス
ヘヤードライアー有ります
¥550
駐車場有ります

田町温泉
駐車場有り
田町温泉

田町温泉

コーンアート

城壁のアート〈旧丸の内小学校〉
岡山城西の丸

虫干しの風景〈岡山駅西口のある日〉

株式会社NHC

旧京山ロープウェー純粋乗り場〈珍種〉

駐車場

賽銭泥棒対策〈珍種〉

グリーンブラインド

ビルの上に蔵

ぬりかべ

ぬりかべ＋高所タイプ

ミニマリスト

〈あなた見えるか、看板が。〉

でかシャッター

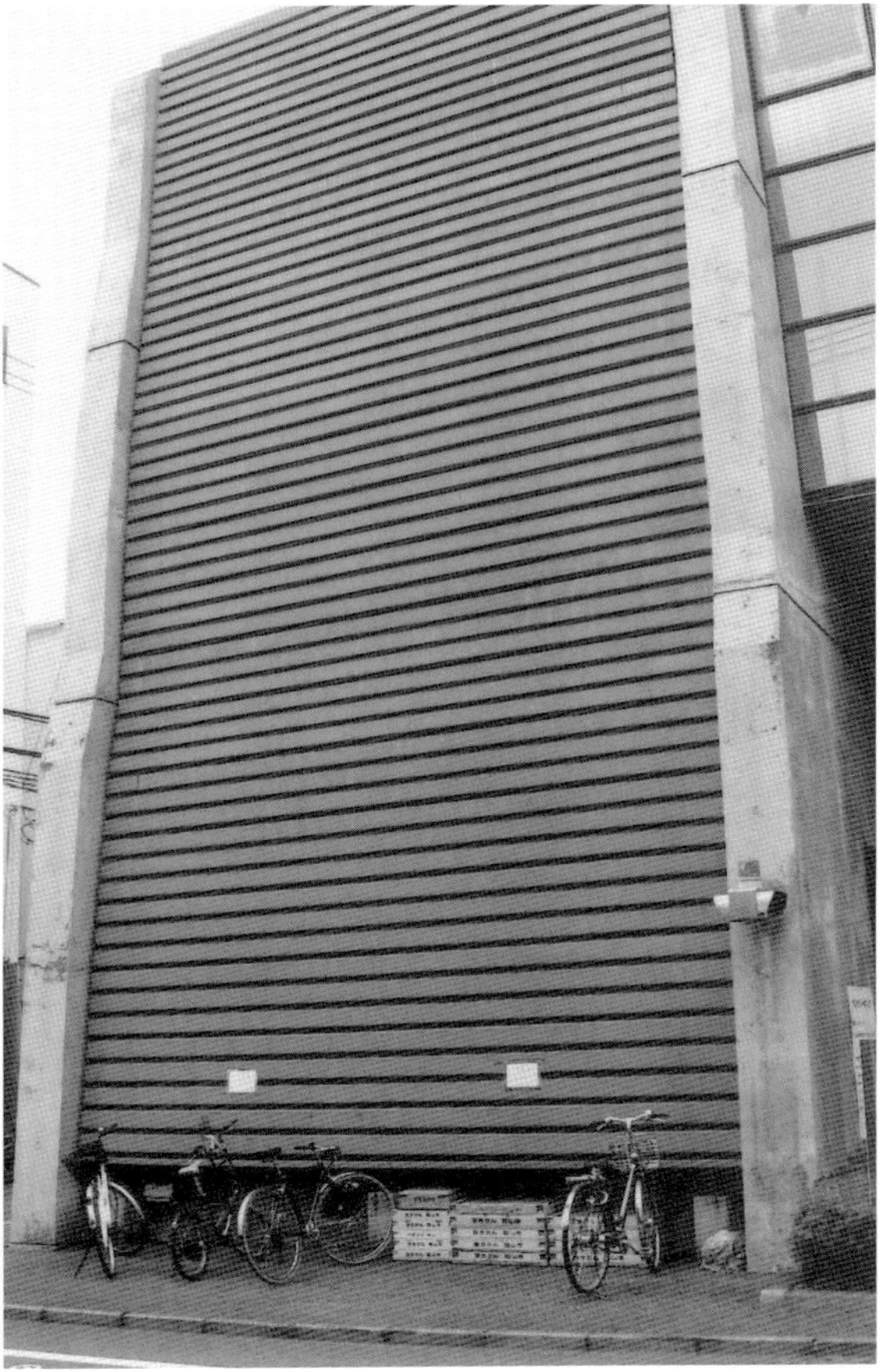

奉還町１丁目

ポンペイタイプ

今まさに埋まろうとしている〝モノ〟を河原は〝ポンペイタイプ〟とした。

路上博物学によれば〈化石種〉にあたる。今まさに埋まろうとしているのだから、まだ生きている〈生きている化石〉に含まれる。ポンペイは火山の大噴火で埋もれそして発掘されたものだからと反論はあろうが、それはそれ「好奇に目を向ける」路上博物学者の個性が出る。

ポンペイタイプには新種もあるが、ここでは真面目に歴史的建造物である近代の石橋に注目した。特にその親柱の埋まる形があちこちに見られる。それは道の歴史の呟きでもある。

西川の“志んはし”の親柱

石から金属にリニューアル〈珍種〉…豊宇気神社

埋没する親柱〈観音寺用水〉
〝ゑびすばし〟とある。戎を祀る神社への参道だったのだろうか？

ゑびす橋の親柱

あなたの町にも路上博物館

江道橋とハイカラ建築（新見市）

Ⅲ、あなたの町にも路上博物館

先日、美星町の三山集落を歩いた。海抜三〇〇メートルにある集落は南北に伸びる山の東側に寄り添うようにある。私はこの集落をいつも遠くから見ていて、不思議な感じを持っていた。人里離れたこんな所に美しい集落が「なんで？」あるのかと。

いつかゆっくり歩いてみたいと思っていたのだ。車を降りると集落の道はすぐに坂になった。車がやっと通る道は、くねくねと上ってあった。点在する家の側には私を待っていたかのように「新種」が準備?されていた。「ビックリ」

小さな神社「国司神社」はきれいな境内にある。集落の高い所に、立派な伽藍

昭和レトロの理容院（美星町）

の高澤寺があって、お茶の接待をいただいた。楽しいナチュラルヒストリーを堪能し農村ユートピア「星の郷青空市」に向かう。

路上博物館は農村にあっては神社、仏閣と農家そして田畑と行き交う道である。

道幅は一定でなく、また位置の差が著しい。それらはロケーション（自然）という器とセットとなる。それがナチュラルヒストリーを育ませ、懐かしさを醸し出している。

市街地のそれは歴史的建造物かその群れと民家そして商家とが行き交う道（ロジー）であると思う。毎日の生活という営みが（生き方が新種を生むことがある）ロジーの楽しみに味を添えてくれる。

左官仕事のポスト

高澤寺（美星町）

農村型・市街地型のいずれも危険を伴う道は私の言う路地ではない。

○旧山手村の昔道

吉備路・備中国分寺を歩く時は清音駅か総社駅を利用し、必ず「山手村の昔道」を通る。

吉備路を歩く醍醐味のほとんどはこの〝昔道〟が占める。昔道は西国街道で時計が止まったように集落があり、江戸期にタイムスリップした自分がそこにある。

街道には常夜灯・一里塚・地蔵堂・角力取山古墳などがその味を一層濃くしている。

○矢掛宿の路地

山陽道の宿場町は本陣・脇本陣を中心にきれいに残った昔の町屋や昭和初期のハイカラ建築もあって観光客で賑わっている。街道に面した町屋の裏は北の路地の街につながる。その路地の顔は観察者にとって、ユートピアとなる。

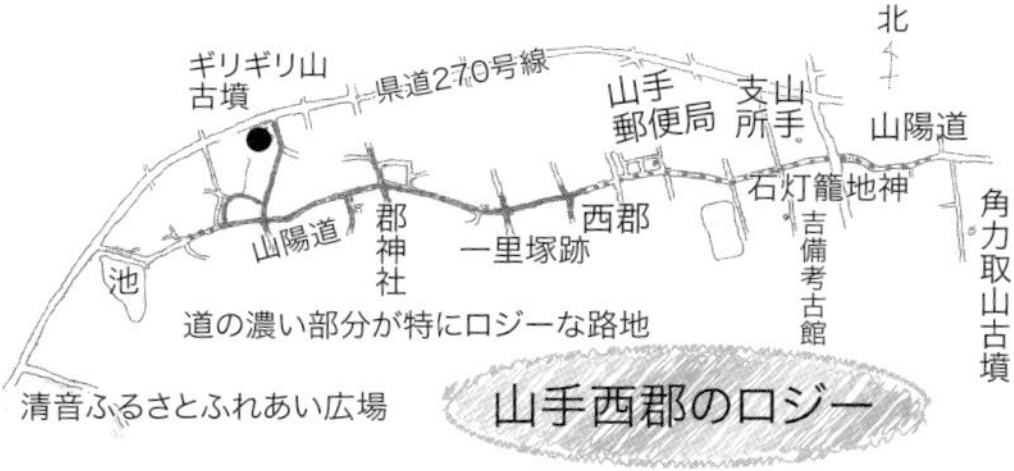

＊江道橋から思誠小まで直線距離で500m

江道橋の旧親柱

○消えた文化財

橋は新見駅から高梁川沿いに南へ五〇〇メートル下った所にあった。昭和八年七月の竣工。当時橋が架かったところは新見銀座という商店街だった。ハイカラな看板建築は今でも見られる。

○アールデコの親柱

井原市七日市の小田川に架かる日芳橋は鉄骨トラス橋で親柱はアールデコ調。

頂部に照明をいだき、竣工は大正十五年（一九二六）である。西国街道の重要な橋であった。

○後月橋の親柱

井原市高屋の山陽道の高屋川に後月橋が架かっている。写真は旧後月橋の親柱だったのだろうか、高屋幼稚園に大切に保存してあった。

○高屋のキリスト教会

子守唄の里高屋駅の北に簡素な住宅街があり、山陽道がその街にそっと寄り添うように東西に長く伸びる。街道からの細い路地の先に小さな教会大正二年（一九一三）がある。よそ者にはここの路地、車では入れない。

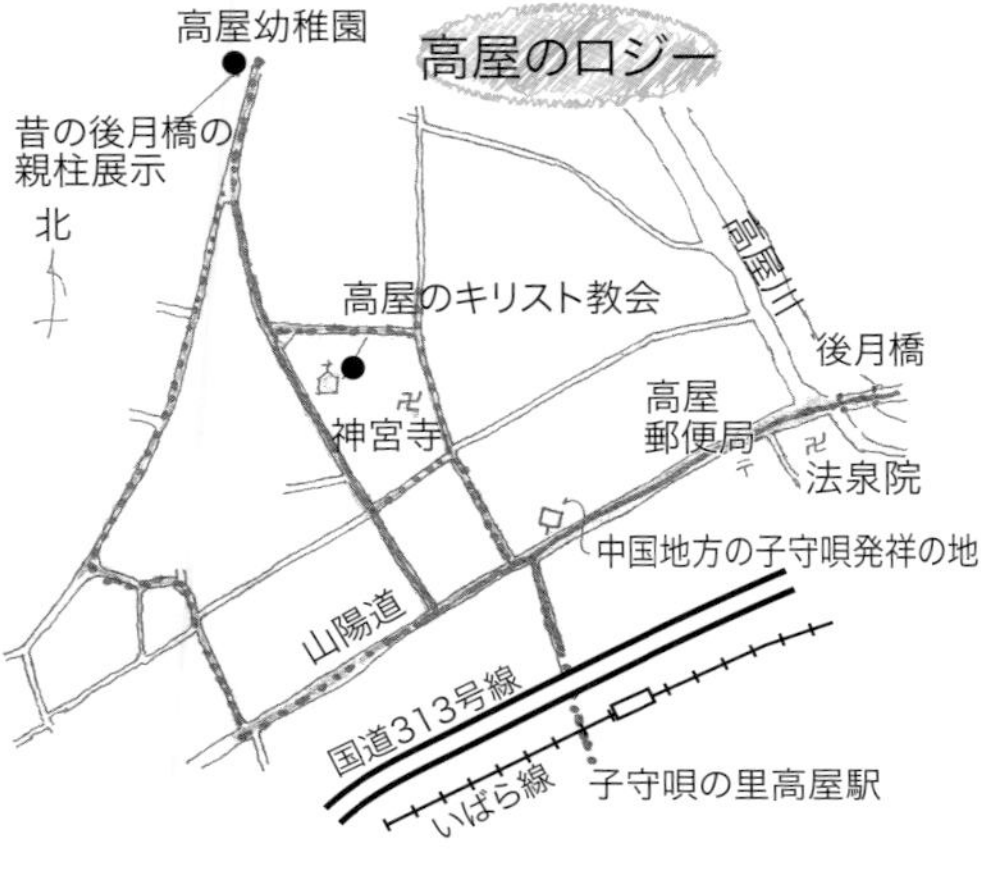

○矢掛のハイカラ

興譲会館（公会堂）は矢掛宿の中を走る山陽道に沿うように建つ、ハイカラで側の辻堂との対比が面白く調和していて楽しい。ハイカラは昭和初期のもので、当時の流行のハーフチンバーが目立っている。建物は脇本陣のゆかりの方が町に寄付したものと聞いた。

街道には江戸期の町屋に混じって看板建築が数軒見られる。また、矢掛高校の明治記念館大正四年（一九一五）は江口三郎八の設計で有名である。

○備前焼の鳥居

倉敷市児島の由加山にある由加神社の鳥居は備前焼大鳥居で有名。明治二十七年（一八九四）に建立される。岡山県重要文化財。

由加神社の鳥居

○閑谷校の石門

〈元禄十年（一六九七）石門できる〉

○閑谷校の石門〈化石種〉

石門は閑谷校から南へ一〇〇メートルほどの所にある。説明看板が側にあるが、今見れるのは建立当時の3分の1とある。

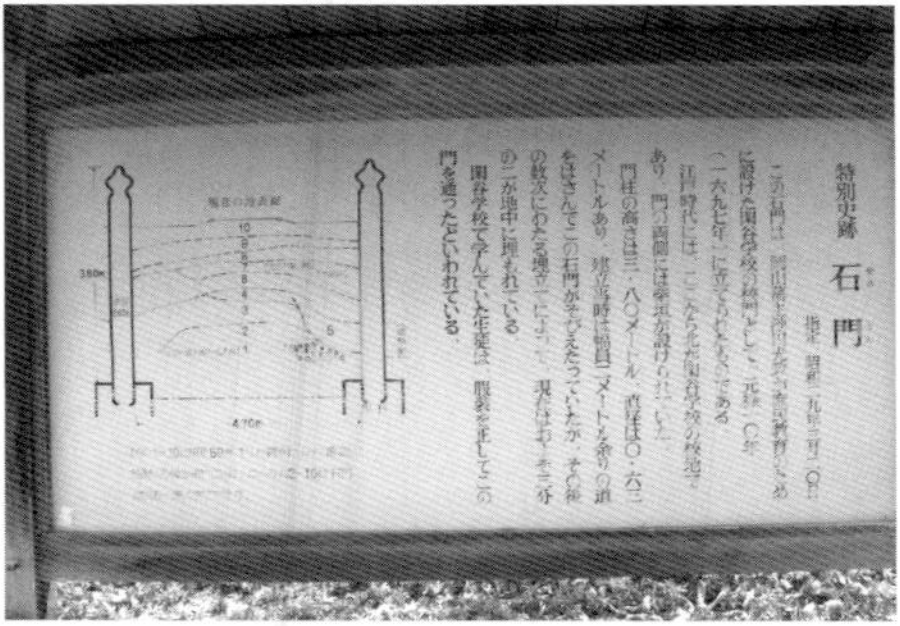

つるがはな橋の親柱

周囲の環境を考えると早い時期に見えなくなる（埋まってしまう）のではと危惧する。石門近くで閑谷川に架かる鶴ヶ鼻親柱は石門を模した（オシャレ）。

○巨木を祀る

「巨木を祀る」は吉永駅から南（閑谷校）の方へ一〇〇メートルほど上ったところにある。

聞き取りでは道路の拡張工事で巨木を撤去することになった。住民としては単なる大きな樹として処置するのは恐れ多くと考え牛の備前焼を添え祀った。

巨木を祀る周囲に牛の焼物が多くあった。（牛については観察者の推測）

あとがき

本書は「東京路上博物誌」を「岡山の路上博物誌」に置き換え、岡山の物件を博物採集し、先生方の仕分け方に則って記録、そしてここに発表した。

本書の名称〈路上博物館〉は三人の先生の協議〈これぞ正統博物館〉の中で、藤森先生が「人間が作ったやつはね、ああいうのはなんと言ったらいいのかね。博物館と言わずにやはり〈第二博物館〉とか。」で荒俣先生「路上博物館」と。

〈路上博物館〉ってなんと心地良い響きなんだ。で、これでいこうと決めた。常々今採集しているまとめの題名を考えていたところだった。私は生意気にもこれを本の名前に頂戴した。

路上観察学会の方々をおかやま路上観察学会では家元と呼んでいる。家元との出会いは、芸術新潮一九八六年四月号の特集・珍々京都楽しみ図会である。路上観察学会の方々が随分と著名な方たちと知った。そんな方たちが本職でとても忙しいのに路上をキョロキョロ、目玉のみを働かせ〝発見〟の醍醐味で楽しんでいる。その楽しみ方は私の五感にビビッとセットされたのだ。そして〈おかやま路上観察学会〉がセットされた。それは同時に社会的には変人視され、本職では食えなくなり、カミさんの扶養となった、で私は悦に入りへんなものを採集しだした。

その一つが石造物だ。博物採集のマニュアル〈東京路上博物館〉によると化石種となる。なぜか我家の駐車場にはその〈化石種〉の石造博物が四体あるが、絶滅の日も近い。早目にご覧いただきたいと思う。マニアックな本だけに日本文教出版社の黒田節編集長には大変お世話になった。また、本にして頂き御礼申し上げる。

来年は荒俣宏先生が〈路上博物館〉を口にされて三十年となる。これを記念し岡山の路上歩き〈路上博物館〉を公に発表したい。

皆様のご来館を楽しみにしている。

二〇一七年十一月　　かわはら・かおる

著者略歴

河原　馨（かわはら・かおる）

1937年　岡山県に生まれる。
匠建築研究所　主宰
㈱サイカイコンサルタント
一級建築士技術顧問

京山道《みち》のアタゴを示す著者

主な著書
『岡山の看板』『岡山ぶらり散策』『岡山の資料館』
『岡山のハイカラ建築の旅』『岡山の森林公園』『岡山の智頭線』
『岡山の木造校舎』『岡山の駅舎』他（岡山文庫／日本文教出版）
『井原線八十八ヶ所』（日本文教出版）

岡山文庫　310　岡山路上博物館

平成30（2018）年５月22日　初版発行
著　者　　河原　　馨
発行者　　塩見　千秋
印刷所　　平和写真印刷株式会社

発行所　岡山市北区伊島町一丁目4-23　**日本文教出版株式会社**
電話岡山（086）252-3175㈹　振替　01210-5-4180（〒700-0016）
http://www.n-bun.com/

ISBN978-4-8212-5310-4

● 岡山県の百科事典

二百万人の 岡山文庫

○数字は品切れ

1. 岡山の植物・西原礼之助
2. 岡山の祭と踊・神野　力
(3.) 岡山の焼物・桂　又三郎
(4.) 岡山の古墳・鎌木義昌
5. 岡山の民家・鶴藤鹿忠
6. 岡山の文学碑・山本遺太郎
7. 岡山の仏たち・脇田秀太郎
8. 岡山の動物・松本邦夫
9. 岡山の鳥・杉　鮫太郎
10. 大原美術館・藤田慎一郎
11. 岡山後楽園・宗　定克・杉　鮫太郎
12. 岡山歳時記・吉岡三平
13. 岡山の建築・巌津政右衛門
14. 瀬戸内海・緑川洋一
15. 岡山の民芸・外村吉之介
(16.) 吉備路・神野　力
17. 岡山の魚・青木五郎
18. 岡山の昆虫・倉敷昆虫同好会
19. 岡山の城と城址・藤井　駿・市川俊介
(20.) 岡山の果物・三宅忠一
21. 岡山の風物・岡山県広報協会
22. 吉備の女性・吉岡三平
(23.) 岡山の伝説・立石憲利
24. 岡山の酒・小出　巌・西原礼之助
(25.) 岡山の街道・山陽新聞社
26. 岡山の絵画・脇田秀太郎・巌津政右衛門
(27.) 水島臨海工業地帯・平方与平
28. 岡山の旅・岡山県観光連盟
29. 蒜山高原・二若・富国・徳山
30. 岡山の歌謡・英　玲二
(31.) 岡山の遺跡めぐり・間壁忠彦・葭子
(32.) 備前焼・小山冨士夫・藤原　雄・中村　昭夫
33. 岡山文学風土記・大岩徳二
(34.) 美作路・小山健三
35. 岡山の俳句・塩尻青笳・島津青沙
36. 岡山音楽夜話・保田太郎
37. 閑谷学校・巌津政右衛門・坂本一夫
38. 岡山の川柳・弓削川柳社
39. 岡山の民話・岡山民話の会
(40.) 岡山の刀剣・小林種次
41. 岡山の短歌・杉　鮫太郎・藤原幾太郎
42. 岡山の医学・中山　沃
43. 岡山の蘭草・鈴木尚夫・中村昭夫
(44.) 岡山の人物・黒崎秀明
(45.) 岡山の駅・難波数丸
46. 岡山の現代詩・坂本明子
47. 岡山の交通・藤沢　晋
(48.) 岡山の教育・秋山和夫
(49.) 備中神楽・山根堅一・坂本一夫
50. 岡山の民具・鶴藤鹿忠
(51.) 岡山の宗教・長光徳和
52. 吉備津神社・藤井　駿・坂本一夫
53. 岡山の貨幣・原　三正
(54.) 岡山の古戦場・多和和彦
55. 岡山の石造美術・巌津政右衛門
56. 岡山の方言・十河直樹
57. 岡山の歴史・柴田　一
58. 岡山事物起源・吉岡三平
(59.) 高梁川・宗田克巳
(60.) 岡山の干拓・吉岡三平・進　昌三
61. 岡山の電信電話・萩野　秀
62. 吉備高原・宗田克巳
63. 岡山のおもちゃ・吉永義光
64. 吉井川・宗田克巳
65. 岡山の港・巌津政右衛門
66. 岡山の絵馬と扁額・脇田秀太郎
(67.) 旭川・宗田克巳
68. 岡山の温泉・石井　猛・圓堂　稔
69. 岡山の県政史・蓬郷　巌
70. 岡山の道しるべ・巌津政右衛門
71. 岡山の笑い話・稲田浩二・和子
72. 美作の歌舞伎芝居・二宮朔山
(73.) 岡山の民間信仰・三浦秀宥
(74.) 岡山の奇人変人・蓬郷　巌
75. 岡山の食習俗・鶴藤鹿忠
76. 岡山の明治洋風建築・中力　昭
77. 山陽路の地理散歩・宗田克巳
(78.) 岡山の風俗・蓬郷　巌
79. 岡山の海藻・大森長朗
(80.) 岡山の書・佐藤英夫
81. 岡山浮世噺・岡　長平
82. 岡山の神社仏閣・市川俊介
83. 中国山地・三浦秀宥・竹内平吉郎
84. 岡山の島・巌津政右衛門
85. 岡山の山と峠・宗田克巳
86. 吉備の石ぶみ・井上雄風
(87.) 岡山の怪談・佐藤米司
88. 岡山の自然公園・山陽カメラクラブ
89. 岡山の漁業・西川　太
90. 岡山の天文気象・石田五郎・佐橋　謙
91. 岡山の郵便・萩野　秀
(92.) 岡山の鉱物・沼野忠之
93. 岡山のふるさと村・巌津政右衛門
94. 岡山の経済散歩・吉永義光
95. 岡山の庭・山本利幸・前田勝也
96. 岡山の匠・浅原　健
97. 岡山の童うたと遊び・立石憲利
98. 岡山の衣服・福尾美夜
99. 岡山の民俗・土井卓治・佐藤米司・鶴藤鹿忠・西原礼之助・古屋野寛
(100.) 岡山の樹木

101. 岡山と朝鮮・西川　宏
102. 岡山の和紙・臼井英治
103. 岡山の艶笑譚・立石憲利
104. 岡山の文学アルバム・山本遺太郎
105. 岡山の映画・松田完一
106. 岡山の石仏・厳津政右衛門
107. 岡山の橋・宗田克巳
108. 岡山のエスペラント・岡　一太
109. 岡山の狂歌・蓬郷　巌
110. 百間川・岡山の自然を守る会
111. 夢二のふるさと・真田芳夫・葛原茂樹
112. 岡山の梵鐘・川端定三郎
113. 岡山の演劇・山本遺太郎
114. 岡山話の散歩・岡　長平
115. 岡山地名考・宗田克巳
116. 岡山の戦災・野村増一
117. 岡山の町人・片山新助
118. 岡山の会陽・三浦　叶
119. 岡山の石・宗田克巳
120. 岡山の滝と渓谷・川端定三郎
121. 岡山の味風土記・岡　長平
122. 目でみる岡山の明治・厳津政右衛門
123. 岡山の散歩道 東・西・佐藤米司
124. 目でみる岡山の大正・蓬郷　巌
125. 児島湾・同前峰雄
126. 岡山の庶民夜話・佐上静夫
127. 岡山の修験道の祭・川端定三郎
128. 目でみる岡山の昭和Ⅰ・蓬郷　巌
129. 岡山のふるさと雑話・佐上静夫
130. 岡山のことわざ・佐藤・次田・竹内・福尾
131. 目でみる岡山の昭和Ⅱ・蓬郷　巌
132. 瀬戸大橋・ＯＨＫ編
133. 岡山の路上観察・香川・河原
134. 岡山の相撲・二宮朔山
135. 岡山の古文献・中野美智子
136. 岡山の門・小出公大
137. 岡山の内田百閒・岡　将男
138. 岡山の彫像・蓬郷　巌
139. 岡山の名水・川端定三郎
140. 両備バス沿線・両備バス広報室
141. 岡山の明治の雑誌・片山・来田・菱川
142. 岡山の災害・蓬郷　巌
143. 岡山の看板・河原　馨
144. 由加山・原　三正
145. 岡山の祭祀遺跡・八木敏乗
146. 岡山の表町・岡山を語る会
147. 逸見東洋の世界・臼井洋輔
148. 岡山ぶらり散策・河原　馨
149. 岡山名勝負物語・久保三千雄
150. 坪田譲治の世界・善太と三平の会
151. 備前の霊場めぐり・川端定三郎
152. 藤戸・原　三正
153. 矢掛の本陣と脇本陣・武・中山・岡田・池田・柴口
154. 岡山の図書館・黒崎義博
155. 岡山の戦国時代・松本幸子
156. 岡山の資料館・河原　馨
157. カブトガニ・惣路紀通
158. 正阿弥勝義の世界・臼井洋輔
159. 木山捷平の世界・定金恒次
160. 岡山の備前ばらずし・窪田清一
161. 良寛さんと玉島・森脇正之
162. 備中の霊場めぐり・川端定三郎
163. 岡山の多層塔・小出公大
164. 六高ものがたり・小林宏行
165. 下電バス沿線・下電編集室
166. 岡山の博物館めぐり・川端定三郎
167. 岡山の民間療法(上)・鶴藤鹿忠・竹内平吉郎
168. 吉備高原都市・小出公大
169. 玉島風土記・木村岩治
170. 洋学者箕作阮甫とその一族・森脇正之
171. 夢二郷土美術館・松田基・楢原雄一
172. 岡山のダム・川端定三郎
173. 岡山の森林公園・河原　馨
174. 宇田川家のひとびと・水田楽男
175. 岡山の民間療法(下)・鶴藤鹿忠・竹内平吉郎
176. 岡山の温泉めぐり・川端定三郎
177. 阪谷朗廬の世界・山下五樹
178. 目玉の松ちゃん・尾上松之助・中村房吉
179. 吉備ものがたり(上)・市川俊介
180. 中鉄バス沿線・中鉄バス(株)企画部
181. 飛翔と回帰―国吉康雄の西洋と東洋・小澤善雄
182. 岡山の智頭線・河原　馨
183. 出雲街道・片山　薫
184. 備中高松城の水攻め・市川俊介
185. 美作の霊場めぐり・川端定三郎
186. 吉備ものがたり(下)・市川俊介
187. 津山の散策《にし ひがし》・黒田　晋・竹内平吉郎
188. 倉敷福山と安養寺・前川　満
189. 鷲羽山・山本慶一・西田正憲
190. 和気清麻呂・仙田　実
191. 岡山たべもの歳時記・鶴藤鹿忠
192. 岡山の源平合戦談・市川俊介
193. 岡山の氏神様・二宮朔山
194. 岡山の乗り物・蓬郷　巌
195. 岡山・備前地域の寺・川端定三郎
196. 岡山ハイカラ建築の旅・河原　馨
197. 牛《うし》窓《まど》を歩く・前川　満
198. 岡山のレジャー地・倉敷ぶんか倶楽部
199. 斉藤真一の世界・斉藤裕重・イシイ省三
200. 巧匠 平櫛田中・原田純彦

201. 総社の散策・神野力・葛原克人・加藤信二
202. 岡山の路面電車・楢原雄一
203. 岡山ふだんの食事・鶴藤鹿忠
204. 岡山のふるさと市・倉敷ぶんか倶楽部
205. 岡山の流れ橋・渡邉隆男
206. 岡山の河川拓本散策・坂本亜紀児
207. 備前を歩く・前川満
208. 岡山言葉の地図・今石元久
209. 岡山の和菓子・太郎良裕子
210. 吉備真備の世界・中山薫
211. 柵原散策・片山薫
212. 岡山の岩石・野瀬重人・沼野忠之
213. 岡山の能・狂言・金関猛
214. 岡山の鏝絵・赤松壽郎
215. 山田方谷の世界・朝森要
216. 岡山おもしろウオッチング・おかやま路上観察学会
217. 岡山の通過儀礼・鶴藤鹿忠
218. 日生を歩く・前川満
219. 備北・美作地域の寺・川端定三郎
220. 岡山の親柱と高欄・渡邉隆男
221. 西東三鬼の世界・小見山輝
222. 岡山の花粉症・三好・難波・岡 岡野・山本
223. 操山を歩く・谷淵陽一
224. おかやま山陽道の拓本散策・坂本亜紀児
225. 霊山熊山・仙田実
226. 岡山の正月儀礼・鶴藤鹿忠
227. 原子物理学の父 仁科芳雄・井上泉・イシイ省三
228. 赤松月船の世界・定金恒次
229. 邑久を歩く・前川満
230. 岡山の宝箱・白井洋輔・臼井隆子
231. 平賀元義を歩く・渡部秀人・竹内佑宜
232. 岡山の中学校運動場・奥田澄二
233. おかやまの桃太郎・市川俊介
234. 岡山のイコン・植田心壮
235. 神島八十八ヶ所・坂本亜紀児
236. 倉敷ぶらり散策・倉敷ぶんか倶楽部
237. 作州津山 維新事情・竹内佑宜
238. 坂田一男と素描・妹尾克己・イシイ省三
239. 岡山の作物文化誌・臼井英治
240. 児島八十八ヶ所霊場巡り・倉敷ぶんか倶楽部
241. 岡山の花ごよみ・前川満
242. 英語の達人・本田増次郎・小原孝
243. 城下町勝山ぶらり散策・橋本惣司・倉敷ぶんか倶楽部
244. 高梁の散策・朝森要
245. 薄田泣菫の世界・黒田えみ
246. 岡山の動物昔話・立石憲利・江草昭治
247. 岡山の木造校舎・河原馨
248. 玉島界隈ぶらり散策・小野敏也・倉敷ぶんか倶楽部
249. 岡山の石橋・北脇義友
250. 哲西の先覚者・加藤章三
251. 作州画人伝・竹内佑宜
252. 笠岡諸島ぶらり散策・NPO法人かさおか島づくり海社
253. 磯崎眠亀と錦莞莚・吉原睦
254. 岡山の考現学・おかやま路上観察学会
255. 「備中吹屋」を歩く・前川満
256. 上道郡沖新田・安倉清博
257. 続・岡山の作物文化誌・臼井英治
258. 土光敏夫の世界・猪木正実
259. 吉備のたたら・岡山地名研究会
260. いろはで綴る ボクの子供事典・赤枝郁郎
261. 民話の里 鏡野町伝説紀行・立石憲利・片田知宏
262. 笠岡界隈ぶらり散策・ぶらり笠岡友の会
263. つやま自然のふしぎ館・森本信一
264. 岡山の山野草と野生ラン・小林克己
265. 文化探検 岡山の甲冑・臼井洋輔
266. ママカリ ヒラに まったりサーラ・窪田清一
267. 岡山の駅舎・河原馨
268. 守分十の世界・猪木正実
269. 備中売薬・土岐隆信・木下浩
270. 倉敷市立美術館・倉敷市立美術館
271. 津田永忠の新田開発の心・柴田一
272. 岡山ぶらりスケッチ紀行・南一平・網本善光
273. 倉敷美観地区 歴史と民俗・吉原睦
274. 森田思軒の世界・倉敷ぶんか倶楽部
275. 三木行治の世界・猪木正実
276. 岡山路面電車各駅街歩き・倉敷ぶんか倶楽部
277. 赤磐きらり散策・高畑富子
278. 岡山民俗館 民具一〇〇選・岡山民俗学会
279. 笠岡市立竹喬美術館・笠岡市立竹喬美術館
280. 岡山の夏目金之助(漱石)・横山俊之・熊代正英
281. 吉備の中山を歩く・熊代哲士・熊代建治
282. 備前刀 日本刀の王者・佐藤寛介・植野哲也
283. 繊維王国おかやま今昔・猪木正実
284. 温羅伝説・中山薫
285. 現代の歌聖 清水比庵・笠岡市立竹喬美術館
286. 鴨方往来拓本散策・坂本亜紀児
287. 玉島旧柚木家ゆかりの人々・倉敷ぶんか倶楽部
288. カバヤ児童文庫の世界・岡長平
289. 野﨑邸と野﨑武左衛門・猪木正実
290. 岡山の妖怪事典・木下浩
291. 松村緑の世界・黒田えみ
292. 吉備線各駅ぶらり散策・倉敷ぶんか倶楽部
293. 「郷原漆器」復興の歩み・高山雅之
294. 作家たちの心のふるさと・加藤章三
295. 自画像の異彩画家 河原修平の世界・倉敷ぶんか倶楽部
296. 岡山の妖怪事典 鬼・天狗・河童編・木下浩
297. 歴史・伝承・文学・アート 岡山の魅力再発見・柳生尚志
298. 井原石造物歴史散策・大島千鶴
299. 岡山の銀行 合併・淘汰の150年・猪木正実
300. 吹屋ベンガラ・臼井洋輔